AF282921

Iñaki Azkona

APUESTA PERSONAL

ÍNDICE

ME SEDUCES CON TU BIEN

Forzando el juego que endulza tu risa mi vida sale corpórea y con alma.

Mis alegrías no quieren resbalar ni adelgazar y menos fundirse en la nada.

Mis sueños se montan sobre los tuyos constantemente y con ligereza y saber hacer nos llevan hasta la cama.

Pongo la espalda recta emocionado y como en suspenso para con ojos de niño visualizar la sagrada infancia.

Sé que ya tengo donde volver la cabeza.

Te daré la mano para que juntos busquemos las mejores vías de encuentro.

Sin servilismo pelearemos haciendo la corte a nuestros deseos para que con desenvoltura y parcialidad podamos cumplir con nuestros obsequios y mutuas atenciones.

En una avanzadilla de llaneza y confianza me anexione a tu pulso.

Tu con tu gracia y dulzura llena de signos positivos das un nuevo significado a mis días.

Contigo es muy fácil henchir la cabeza al viento.

Eres el bálsamo que alivia mis aflicciones y desasosiegos.

Cuando me faltas se que tengo que llegar hasta donde te encuentras sin mirar la noche.

Cuando tu estás presente mi universo se convulsa y crece de servicio para realizar satisfactorio y complaciente el encuentro mágico alcanzado de método.

SIN PEDIR PERDÓN

Con apacibles mensajes llenos de valores positivos me complazco carialegre con mi pasar.

Fascinado y embriagado de vida me satisfago llenándome de acontecimientos que seducen amigablemente

mis horas de servicio.

Siempre me he recogido en una señal llamada soy capaz de hacer.

Mis decisiones no son automáticas y no hacen nunca el vacío ni la exclusión a su mejora.

Mi voz se ha acostumbrado a no partirse en dos, aunque tenga que reinventarme a vivir como monarca sin reino.

Con finura y estética lleno mis esperanzas de calor y agrado. El respeto bien apersonado por los demás, siempre, tiene un dispensador pacto con la ley de mis principios.

Paladeo las mieles agasajándome con la recompensa justa del poner y recibir.

El deseo fácilmente llega hasta mi boca.

Hablo con mis egos recordándoles que, aunque se creen que son infalibles, también, se equivocan.

Doy preferencia a tu cabello majestuoso y salvaje rozando con beneficio mi rostro.

Con humildad observo, atentamente, el agua rosada de la dicha sin preguntarme: Que hago yo aquí?

VOLVER A LA VIDA

Regreso del pasado en un accidente de revolución, que se revuelve entre la pasión y la suerte.

Me mudo al presente después de encarnizadas batallas críticas en las que sin remedio tuve que permanecer encubierto y mudo frente al resto del mundo.

En un vaivén de imposturas y suposiciones interpreto la novedad con caracteres para obtener la mejor respuesta combinando culturas y orígenes diferentes que dimensionan y nutren muchos de mis conceptos para mejor.

Rocallas y borduras de flores dan olor y color al viaje indispensable que va desde la nada al merecido descanso.

Se aproxima la primavera y mis sensaciones empiezan a disfrutarse acercando los alcances del ritual.

Cierro una etapa de mínimos apostando por la curiosidad llenándome de mezcladas relaciones en una ceremonia de reinicio.

La respiración fluye más viva que nunca y repleta de acontecimientos ayudada por un viento fresco de aclamación.

Siento, profundamente, como el camino se presta más ligero haciendo del hogar un lugar más habitable.

Bendigo mi suerte que ahora, sin dudas, presume de llegar sólidamente más lejos que mis propios pensamientos.

EL MOMENTO DE LA VERDAD

Celebro mi presencia reflexionando sobre la acídula nada cuando se llena de grises en una danza de música y fiesta como si fuese una anécdota sin la más mínima entidad.

Hoy tengo motivos para sentirme agradecido.

Hoy tengo motivos, mil motivos para realizarme andando en palmas. Hoy siento la vida como se siente el primer amor fuerte.

Me aprovisiono de buenos propósitos para ganarme de voluntad y realizar los actos.

No presto atención a lo que me frena para celebrar con alimento reparador el inicio de un recorrido diferente más afín a mi naturaleza.

Aparco mis limitaciones en una expresión de fuerza y conveniencia sana aproximando mis posiciones al reto propuesto cuidando las buenas formas con mejores actos.

Hoy es un día de cambios en el que yo siento que soy un convidado de lujo. Convocado me inicio meticuloso al querer y saber hacer como preconizan los mejores cuando llega el momento de la verdad.

ENCRUCIJADA PASAJERA

Prestando atención a los buenos oficios del corazón, me abrazo al beneficio que me dispenso en una encrucijada no elegida.

Plagado de imágenes que sólo quieren lucirse y que amordazan mis certezas convirtiendo mi justicia en un canto como si no fuera de este reino.

Me enjuago de cordura y bebo una dosis de rutina para buscar el origen de esta circunstancia.

Un compasivo aire de encuentro se identifica con mis instintos primarios despintando una sonrisa.

Por un momento revivo tiempo atrás de cantos repetidos y asignaturas pendientes.

Intento rescatar con excelencia lo mejor de lo vivido y volver, en lo posible, a la carga íntima de vigilancia firme para sumergirme sin miedos en la dicha del juego sin hostigación.

Salgo al encuentro haciéndome el encontradizo con mis alegrías para rastrear la oportunidad de salir cuanto antes de esta encrucijada pasajera y reintegrarme, rápidamente, a la dicha mudando todo lo que me sobra para no dejar de crecer en la buena dirección apostando, siempre, por mi mejor yo.

CAMBIOS INTERIORES

En posición manejada me sobrealimento para asimilar la agudeza de los cambios interiores.

Me sosiego de entendimiento para manejar la respiración del exceso. Me alivio y cubro de respuestas cuando me visita la escasez y me obliga a guardar silencio para no preocupar a mis seres queridos.

Consuelo al corazón arropándole de talentos y oportunidades para sentir. En un ejercicio de quitapesares me burlo del tenebroso mal hambre, sobre todo, cuando se enquista y te hace creer que va a reinar por siempre. Aprieto las manos como si contuviera en ellas un cuantioso regalo para salir con mas fuerza y afrontar lo que me toca.

Peleo con arrojo lleno de memoria y juicio la contrariedad para hacerme con el buen hacer que restituye y transforma las carencias en oportunidades.

Pronto llegaran las recompensas, los mejores contentamientos premiando con extraordinarias mañanas el favor de las entregas.

En un acto de servicio me declaro adicto a la vida y mis mejores energías caminan diligentemente por las procelosas aguas de un mar protegido y colmado de bendiciones hechas para ser disfrutadas.

LA BUENA ESTRELLA

En una casa de aposento atiendo a mis deseos invadido por un automatismo que vuela al cielo.

Esperas que escapan de un tiempo pasado y buscan, con atención, recuperar el respeto en los límites del silencio.

Garboso, abandono el acantonamiento para arreglar los enredos que, inevitablemente, acercan posiciones a un contubernio de últimas voluntades.

Renuncio a la consagración de las mayorías y jamás de los jamases regalare ni un gramo de mis energías por sus interesadas y mal nacidas encomiendas.

Nunca he compartido las arengas de aguerridos impostores infladas de soberbia con un tinte que transporta su mensaje a un tiempo delirante de injusticias. y sinsabores.

Hay demasiada confusión que aguijonea la crítica inundando el espacio de sabor agridulce y condecorando sus errores de voz aguardentosa en dulces veladas de conversión. Apuesto buscando el contrapunto en la alacena de los cambios profundos con ideas innovadoras que tambaleen todo tipo de inmovilismos acercando el mensaje de justicia y reparación a quien más lo necesita.

Quiero conciliar sin erosión una solemne sesión con la única finalidad de potenciar las mejores esencias del ser nacido para servir a los demás escuchando al corazón y a su buena estrella.

EN POSICIÓN DE CONTINUAR

Repleto de cortejo y sin miedo a las traiciones en un giro de leonería, me río, abiertamente, de lo que no me hace feliz sin arrepentirme de casi nada sin necesidad de falsas imposturas.

Mis ideales arropados de principios clásicos y nobles nunca formaran parte de la desgracia de los demás. Mis cinco sentidos para mi pasión no toma ni tomara la senda de alzar la mano para ajustar cuentas. Necesariamente busco el entendimiento en primera línea.

Lloro con la entrega sin precio llena de bondad. Procuro por todos los medios no dar trabajo a nadie.

Mi alma rebelde no goza de buen trato con la liga de los que se creen bien establecidos e intocables.

Prefiero permanecer sin creerme nada como una hoja caída que ha vivido y que cuando quiera se la llevara el viento o quizás algún barrendero realizando su trabajo.

El dolor de la estrechez del prójimo, siempre, me conmueve y aproxima a su alma. Lo que no quiero olvidar por reconocerlo importante lo guardo entre mis libros.

Abogo sin reparos por las mejores respuestas y soluciones que sin doctrina y sometimiento den con las soluciones de los que peor lo tienen.

Soy un afortunado, cuando disfruto de los rayos del sol y su majestuosa energía me descubren con su calor que tu formas parte de mis bendiciones.

Juntos vivimos pequeños detalles reconociendo su esplendor y gozando la buena dicha.

LO QUE MAS AMO

Observo en una ensoñación de lectura sorprendente lo que más amo.

Alerto a mis cinco sentidos para sin el menor error positivar las imágenes vividas últimamente en extensas jornadas repletas de bienquerer. Me desprendo sin perder el tiempo de viejos equipajes más que pesados llenos de falsa entidad que ya no me servía despierta.

Ahora, parece que el tiempo me colma de cualidades a la hora que toca seducir y festejar.

Recupero imágenes grabadas en mi retina de mi gato que por mucho más que se lo pidiera siempre prefirió dormir al lado de la estufa haciendo caso omiso a mis repetidas peticiones y ahora, no sé porque duerme, siempre, a mi lado llenándome de vibraciones de apego incondicional.

Vislumbro a mi pequeño yo que me convoca con claridad meridiana a afianzarme en propuestas que me acerquen a metas de progreso personal.

Un juego de voces interiores me significan y seducen con potenciales ánimos y fuerza para no decaer en el intento.

Me enrolo en causas pendientes para devolver favores bien nacidos de las mejores almas.

Mi tiempo se cubre de dirección y buenos hábitos ayudados por ejemplos de espíritus que no abogan por coger la munición y menos tomar lo que no es suyo.

Intento vivir a ojo, aceptando con la mejor de mis ganas los cambios en una acaramelada sucesión de buenos deseos.

En un territorio amable encuentro, sin dificultad, repuestas a mis necesidades y vivo en una realidad compatible con lo que más amo.

ESCUCHANDO AL CORAZÓN

Cultivamos nuestra pasión amándonos sin silencio contenido, mientras la fuerza del deseo se llena de adorada posesión.

Disfrutamos con la visión del momento siguiendo los designios del galanteo permitiéndonos los obsequios sin resistencia.

Nos lo damos todo frente a un cuadro prestado que adorna la estancia y con su quietud invita a continuar la ceremonia.

Nuestro reencuentro está flechado de momentos que nos transportan, alegremente, a una adolescencia incendiada de un entreacto ganas y respuestas. Ahora, concertamos el día pleno con motivos y presencias.

Con la voz pausada creamos la noche derretidos de arrulladas bendiciones.

El día nos descubre enteros cuando penetra en la estancia con su fulgurante luz en un entreacto de sosiego que nos arropa y protege frente a los límites y miedos cuando estoy a tu lado.

La excelencia del momento parece estar al frente retratando los mejores resultados cuando nos dejamos llevar por la fuerza del corazón.

INVITADO AL DESEO

Una endevotada fiesta espera cubrirse de éxito brillando sin descanso durante todo el día.

Los deseos marcados se visten de importancia sin coraza anudando la fortaleza de los esperados regresos.

Cupido esgrime su mejor yo mostrando su saber hacer meciendo los encuentros. la certidumbre invadida de ganas empieza a ganarse de propósitos.

La máquina cortejante despierta llena de motivos para con donjuanesco voltaje la acercarse al consentimiento de las partes.

Mi cuerpo se mueve ligero sin pedir aprobación en un baile de ronda.

La creación goza en su hábitat distendido lleno de rebuscadas palabras que se prestan al juego de los objetivos marcados.

Mi momento no quiere suspender y reclama con buenas formas su suerte. Llega el momento de la verdad y mi apuesta es firme cuando llega la oportunidad y se abre mostrando, abiertamente, su mágico poder.

Me entrego al disfrute sin descanso agradeciendo la ocasión de poder vivir, de nuevo, los esperados regresos que vuelven para quedarse, definitivamente consiguiendo dar brillo y luz a mis más anhelados sueños.

PASIONALES MANERAS

Acostumbrado a los amorosos afectos piso la noche festejando mi servidora suerte.

Amo el silencio que me pretende y corteja acariciando mi momento. Presente y abierto vivo las pasionales propuestas de mis deseos.

Evito las peleas paseando con medida por la senda de los entendimientos. Saludo las mañanas con entereza y confianza acogiendo con agrado su aire de cordialidad y cariño.

Nada como unos besos obsequiados de tu boca que me halagan de la mejor manera posible, dando rienda suelta a mis anhelos.

Tus ganas producen con alabanza el beneplácito, esperado, para llegar a cualquier parte del cuerpo.

Con las obras en los bolsillos me acrisolo bajo tu distinguida mirada y me dispongo a complacer tus más ocultos deseos.

El placer se crece sin sometimiento haciéndonos olvidar las obligaciones. Nuestra pasión esta vitaminada con su mejor alma y alcanza su cenit sin realizar ningún esfuerzo sobreactuado.

Las hojas del calendario pasan rápidamente repletas de agradecimiento y conformidad.

Votos mutuos de confianza agrandan el sueño del para siempre que sigue intacto sobre el mar de tu generosidad reforzando día a día nuestro cuidado templo interior.

DE FORMA NATURAL

Con determinación soy capaz de llegar a un encuentro que evoluciona cargado de ayuda plagada de amor en cada despertar.

La pasión se hace mayor de edad en un ejercicio voluptuoso de estructuras correctas llenas de entrega sin reserva.

La puesta en escena de la llegada tiene formas y reminiscencias de un primer amor de adolescencia, siempre, muy cerca de la risa sin fin.

Fundido de emociones me vengo con entrega dispuesto otra vez a ser y servir.

Mi disposición repleta de constancia vive uno de sus mejores momentos.

La alegría desbordada por los acontecimientos da la cara en una conjunción de sabor y olor.

En este paisaje plagado de entrega puede suceder todo. Apetitoso y consistente juego con arte y expresión para asistir al convite con diligente forma natural.

La ocasión se desvive ardiente y sin ninguna prisa en un reflujo de motivaciones mutuas.

Con rumboso cuidado me ofrezco entero para hacer grande y con futuro esta oportunidad.

BUENAS PRESENCIAS

En un equilibrio de aceptación me congratulo con una herencia de cumplido elogio con los demás.

En plena apoteosis de reconocimiento me pongo suave para hacerme humilde.

Me permito licencias teniendo buena boca para agradecer y convocar a la celebración de las nobles causas.

Una vorágine de alientos colmados de incienso se gobiernan para protegerme en numerosas ocasiones.

En un baile de cortesía con mi mejor actitud acerco las distancias al plausible encuentro.

Con elegancia voy de frente y mis manos van portadas de buena esperanza.

Con alma, siempre, intento mejorar las condiciones del mas débil.

Con la fuerza de un volcán activo espero, pacientemente, las mejores horas en las que todo se eleva cobrando sentido.

La ocasión me permite honrar los manjares poniéndome en lo mejor. Finalmente, agradezco los movimientos presentes cocinados con encomiástico respeto lleno de generosidad.

DANDO LO MEJOR

Simpáticamente haciendo un disfrute del paseo por la vida me movilizo y contabilizo con dosis, proporcionadas, de esperanza y fuerza las oportunidades que me ofrece el día.

No me hace falta pensar mucho para saber que soy un privilegiado que no necesita de ninguna cruzada para mostrarme sin complejos como una persona que lucha por sus derechos en buena lid.

Mis reflexiones se rellenan con las mejores posibles opciones para sostenerme prudente y firme y dar lo mejor.

Una torre de firmezas me acompañan apoyando los afectos con energía vital que sin vértigo y cubiertas de verdad alivian mis miedos y me acunan familiarmente al mejor descanso.

MI pasar esta repleto de recuerdos con imágenes vivas cultivados de belleza por lo excepcional de lo vivido.

Mis deseos se nutren de miel y razones para regalarse a la unión y el disfrute con los demás.

Estoy en lo mejor cuando la noche se viste de entrega haciendo poderosa y grande la palabra amor.

GRACIAS

Me encuentro a mesa y mantel recibiendo lo mejor de lo mejor, sin hacer ningún requerimiento.

Sin necesidad de esperar la vida me ofrece un suculento banquete de obsequios que llegan sin recibo y con la mejor de las miradas.

Consciente de mi fortuna me dejo querer.

El silencio, siempre, me ha ayudado a no creerme mejor que nadie.

Mis seres queridos con amor y verdad curan mis faltas y me alertan frente a los errores.

Mis enemigos, siempre ayudan dándome razones para ser mejor.

Vivo con humildad dándome ganas y oportunidades sin pompas ni brillos artificiales que distorsionen la realidad de mi ser.

Con cara silenciosa y parecer ordenado me esfuerzo en seguir creando buenas sinergias con todo lo que me rodea.

Hago, casi siempre, lo que me toca primando los motivos que tienen horas enteras de compromiso y corrección cuando no de ayuda.

Gracias a ti, siempre, Tus mensajes dulces y reales de buena nueva me adentran en la consecución de las mejores conquistas.

Tu eres la luz, motivo principal de fuerza y alegría que hace grandes y completos mis días.

BUENOS RECUERDOS

Con una dedada de miel y alegría celebro majestuosamente mis dichas cotidianas.

Me sumerjo despierto en el regazo de los mejores sueños con risa tranquila y esperanza de realización.

Endulzo mi animado pasar con flores y colores que me alejan con formas elegantes del peor quebranto.

Me aposento sin emergencias en un maravilloso tiempo que recupera los más bellos recuerdos y paisajes.

Conmigo, siempre, estará mi adorada playa donde felizmente y sin prisa hacia castillos de arena y soñaba a lo grande.

Ahora, vivo el presente sin intermitencias mudando el displacer y apartando, cuanto antes lo que no es querido.

Me reconforto, rápidamente, de la caída aguado de imágenes que ayudan a entender las carencias y las ausencias.

Colmado con los mejores sentimientos y con la sensibilidad puesta en los cinco sentidos realizo el viaje propuesto.

En una parada sencilla parece que veo tu imagen de lejos plagada de dulzura y sencillez, que tanto hecho de menos.

El tiempo transcurre orquestado de espera.

Con actitud de servicio me mantengo impaciente y respetuoso deseando tu llegada que, indudablemente, llenara el encuentro de la mejor dicha.

EN LA HORA DEL PODER

Me declaro directo y continuado tonificando las propuestas directas de sentimientos que me refrescan las ganas y el orden. Me presto, abiertamente, a las soluciones.

Una absorción de ilusión me aborda con óptimos resultados. Directo me dirijo a regalar un querer.

Obsequio flores que no necesitan de justificaciones para entenderse. Las palabras dejan de oírse para para dar paso a las mejores formas sinceras sin limitar sus expresiones.

Las sensaciones brillan claras y sin fisuras obedeciendo con galanura a la entrega.

Abiertamente, en orden, me muestro tal y como soy. Las convenciones que no comparto las mastico y diluyo quitándoles importancia para reseñarlas como fuera de lugar en un diario sincero sin complejos de actuación.

En la hora del poder elijo, llanamente, lo nuclear frente a lo accesorio consiguiendo que mi verdad llegue a buen puerto a la mejor hora.

CAMINO SINCERO

Elijo las mejores expresiones para darme a conocer y explicar mi servicio cultivado con alma de razón y humilde saber.

Ser fiel a mis principios es el mejor soporte de mis actos. Apuesto firme arrojado de ganas y sinceridad por las mejores causas que, siempre, son las que llenan las almas de los que menos tienen y más necesitan.

Me alejo de la disputa estéril de contenido que confunde, profundamente, peligrando los avances.

Lazos intemporales unen nuestra lucha en una sola petición dejando ver grande nuestra bandera de compromiso.

Sin titubeos el corazón se reconoce de autenticidad y deja abierto el mejor de los caminos para la personal realización.

Doy espacio, siempre, a las respuestas que me ayudan a se mejor persona dando quietud a mis tribulaciones.

El camino sincero es mi respuesta frente a la mentira que camina, muy cómoda, cerca de mi.

No quiero ni pensar que sería de mi pasar si cayera en sus garras, al final de mis días, me costaría perdonármelo.

PEGADO A MI VERDAD

Realizo una exploración en un viaje en el que las ideas se crecen con sus mejores efectos.

Pego al cuerpo mis esperanzas para que no se pierdan cayéndose al suelo del olvido.

Defiendo mis postulados construidos con cimientos de bajo a uno alto.

A veces, me muestro exclusivo y militante frente a las barbaries sabidas e ignoradas.

Oigo, incrédulo, ideas ayudadas de mentiras peligrosas reforzadas de hielo que no sólo engañan y confunden, sino que no dejan afrontar ninguna solución.

Me hago con las mejores ideas apropiándolas para afrontar los arreglos más necesitados.

Me solidarizo, profundamente, con el dolor de los padres ante la cruel indiferencia de sus hijos.

Pegado al suelo de mi verdad miro al cielo con un único deseo que mi apuesta sincera tenga futuro.

ACERCARSE A LA ESENCIA

Me ordeno en un presente de aprendizaje con ense-
ñanzas repletas de generosidad secundadas de añorado
futuro.

La noche de verano invita al disfrute mostrando sus
oportunidades.

Me doy licencia para hablar con las manos abiertas en
una conversación sincera que nos acerca a la auténtica
esencia de nuestras vidas.

En un ejercicio de honestidad me reconozco como vi-
viendo protegido entre algodones y mecido por mi cor-
tejada suerte. Mis coordenadas se mueven con buena
dirección apoyando con empeño las respuestas a mis
anhelos.

Doy por hecho que mis creencias no son infalibles y que
nunca estarán exentas de mejores revisiones para modi-
ficar sus erratas. Lo que hoy me vale, quizá mañana no
goce de la misma visión y sus formas hoy por hoy acep-
tadas y premiadas por considerarlas cercanas a la esencia
mañana tengan que ser desterradas por su falta de ca-
rencia en un tiempo de servicio en el que no dieron lo
esperado y resultaron estériles al avance que mi entidad
necesitaba para seguir creciendo.

ORDENANDO
LOS SENTIMIENTOS

Me encuadro meditando para poner en orden los desajustados sentimientos.

Me ejército para encontrar la piel nueva suspendida en la esencia de unos valores olvidados.

Vivo y dejo vivir con ensueño fiel a mis voluntades y a su profundidad.

Ensayo en la piel todas las esencias de esta necesidad apremiante.

Entallo la cintura donde las flores adornan el paisaje y premian al viandante con su olor.

Tremendamente cercano multiplico la participación alentando las ganas y los encuentros.

Siento con hospitalidad las ganancias que irrepetibles agradecen con justicia los favores.

Encuentro en el camino un lazo de colores junto a una caja de música que jalona de emociones mi pasar.

Penetrante siento la plegaria y el regalo sin plazos que me hace sentir renovado y agradecido por esta majestuosa plenitud llena de futuro.

UNIDO A TU CUERPO

En un profundo ejercicio de sinceridad de formas infalibles comienzo a disfrutar de tu cercanía y generosidad.

Buenos mimbres completos de sensibilidad se gradúan con placer alzando sus encantos.

Convivo con la esperanzada ilusión de días grandes que llenen mis jornadas con tu sabor.

Persisto, diariamente plegado a la apuesta de vestirme con el mejor hombre posible.

Me aventuro a satisfacer mis quehaceres cotidianos impidiendo la autocomplacencia y valorando la crítica y la consiguiente obra de mejora.

Con buena sombra protegido por tu presencia me crezco desde nuestro particular reino ante el presagiado mejor de los futuros posibles.

Despierto unido a tu cuerpo envuelto en un lujo de reinante disfrute.

Los signos presagian días memorables, sin intermitencias para dar viaje a nuestros deseos.

LA NECESIDAD

Con una mirada de gozo animado me subo al día y sus vicisitudes.

Con la venia del Universo me doy el gusto de iniciar el nuevo camino repleto de seguridad entrenada.

El juego me da motivos para vivir los días seguros cargados de motivaciones.

El bienestar se fortalece con las ganas de estar a tu lado. Acompañado de tu mirada cualquier motivo por explorar lo inicio con gozo alentado por tu verdad.

Tu sola presencia llena mis necesidades convidando los motivos.

Contigo vivo, plácidamente, en una estrella que se evapora y desaparece cuando tu lo haces primero.

Mi esperanza de fortalecer lo nuestro es un sueño que necesito se haga real.

Tu eres mi risa, mis ganas y mi necesidad.

PONIENDO ORDEN

En el mejor de los momentos me lleno de sentimientos. Voceros se suman a la fiesta con la fuerza de sus mejores acciones.

Yo me suelto y me dejo llevar por el acontecimiento lleno de energía positiva que tiene mil motivos para fluir.

Al otro lado estas tu.

Me hago grande solo pensando en encontrarme contigo al otro lado.

Tu fuerza y vehemencia pueden librar cualquier batalla con las peores expectativas, variando el rumbo.

La vida me vuelve a ofrecer junto a ti el pan y la sal en la posada de los encuentros.

Me permito el lujo de esgrimir, sin pudor, un mensaje solidario con la obra presente recién hecha.

Tu compañía me conduce, directamente, al placer en una jornada afectada de sensaciones y recursos sin estrecheces.

Al final tu apareces como salida del cielo, sin ninguna prisa. Llegas hasta mi con nombre propio y becada de condiciones. Pones paciencia a mis prisas con palabras dulces y, en ocasiones, saladas para curar, definitivamente mis heridas necesitadas de comprensión y orden.

FORMAS NUEVAS

Busco el cielo pensado con entrega propia.

Pongo todos mis afectos en concordancia para encontrar la mejor salida.

Deseo con todas mis fuerzas encontrar personas de ley henchidas de buen hacer.

En carne y hueso me involucro en la ayuda hacia los perjudicados en sus idas y venidas.

Ya no soy el de ayer.

Mi hombre consciente reposa de ganas y certezas y se acompaña de mi niño interior. La fiesta.

Carne y huesos se alían a mis ganas para alejar los miedos y cumplir con las nuevas certezas para proseguir el camino. Estoy en el cumplimiento y cuando me miro al espejo me reconozco con mis debilidades y talentos.

Mi tiempo se inició con el propósito de llenarse de formas nuevas repletas de osadía y arrojo.

Sumo descubrimientos y capacidades a mis necesidades. Me doto de fuerza y generosidad en el nuevo paradigma y me visibilizo cambiado y lleno de agradecimiento.

JORNADAS DIFERENTES

El gusto para hacer la cuenta más grande se nutre de ganas y entrenamiento para cumplir con las expectativas de un gran día.

Cubrir de la mejor manera mis carencias son un buen motivo para proseguir con el juego.

Mi línea preferente, siempre, es hacer el camino acompañado de tu mano.

Tu visión, con perspectiva, acompaña haciendo grande todas las posibilidades.

Contigo explorar nuevos retos se hace con el mayor de los gozos y verdad.

Tu presencia hace más grande todo.

Experimento junto a ti momentos de magnetismo arrasados de dicha. que nunca serian iguales si tu faltaras a la ceremonia.

Puedo afirmar que eres lo mejor que me ha pasado.

El honor de hacer la cuenta más grande junto a ti se crece, cumple con nota todas las expectativas pensadas e impensadas de mi gran día.

EL SIGUIENTE PASO

Con lágrimas en los ojos de reconocimiento me acerco a la noche tras una jornada llena de bendiciones.

Hoy he sido capaz de discernir sin perjudicar mis principios mi estado real.

Me he engañado, muchas veces, pensando que era autosuficiente que nada ni nada parecía necesario.

El siguiente paso está necesitada de revisionismo.

Tengo que reflexionar diseccionando lo que pienso de lo que siento poniendo verdad a mis actos.

Tengo la gran suerte de tu ayuda.

Tu, siempre, velando por mi bien, cercana existes para convertir mis anhelos en realidades.

Me llenas de esperanza con jugadas llenas de fe y generosidad. Si tengo que marchar, nunca lo haré solo, siempre intentare que sea acompañado de tu presencia o recuerdos que me anclen y llenen de fuerza con el mejor de tus deseos.

Necesito continuar con esta película animada de realidad y momentos mágicos de magnetismo que tanto bien me hace.

ENCUENTRO

Entero de ganas dinamizo el día buscando con madurez las sensaciones plenas que diagnostican la luz.

Pleno de entusiasmo tránsito, ligero, hacia el despertar de mis sentidos para el disfrute del momento.

Planto cara a las inconveniencias seduciéndolas fácilmente sin ningún tipo de ambigüedades.

Estoy en línea, con poderío, para disfrutar y no sentirme vigilado en la distancia.

Tu eres mi inspiración en las ausencias.

Tu eres el buen recuerdo que eme ayuda a seguir y vencer los obstáculos en la incertidumbre.

Tu halo de grandeza permanece junto a mi, protegiéndome, haciendo tu encomienda con fuerza y saber.

Soy tu rehén en días con oficio y esperanza.

Las ganas nunca faltan cuando se produce el encuentro que tanto anhelo para dinamizar nuestros deseos que dan todo el sentido a mis días repletos de vida y continuación.

SIGUIENDO EL CURSO

Con la sensibilidad encendida que salvajemente golpea donde más necesito no puedo dejar de pensar en ti.

Somos como dos imanes cuando se juntan que tienen la irresistible fuerza de atracción vulnerable a los sentidos. Nuestra unión no se presta a concesiones cuando las voces pasan a ser secundarias.

Sin rendición con excelencia y pasión hacemos completo sin limitaciones el acto.

Después, la noche sigue su liturgia y se cubre de silencio y descanso.

La dicha de la entrega y sus sensaciones duermen en un sueño reparador plácidamente.

La noche se va apagando mientras nuestros cuerpos descansan entrelazados esperando un nuevo día que siga el curso a nuestros deseos y pasiones.

DULCE PULSIÓN

Condenado a ser feliz, manejo las formas.

Sin discursos complicados visto los asuntos de acuerdos y manejo con especial cuidado las palabras que lleguen hasta la razón. Busco la libertad en todas sus formas.

Doy a mi conciencia dimensión buscando, siempre, la verdad sin limitaciones.

Procuro ser cada día mejor que el anterior. Mi destino eres tú.

El rumbo hacia el encuentro no necesita palabras con permiso.

Mejor será dejarse llevar por la pulsión dulce que acerca las posturas. Un pasado repleto de buen sabor forma parte de nuestro compromiso libre de lectura acordada.

Una generosa corriente de sinergias siempre ha formado parte de nuestra unión.

Mañana será un día especial, nos volvemos a ver, nos encontramos otra vez más.

Confío en ti, confío en mí, dejemos que nuestra dulce pasión realice su cometido acercando nuestras posturas hacia el feliz reencuentro.

ASIGNATURAS PENDIENTES

Como un bumerang que vuelve porque es su destino, tu vuelves junto a mí, como si el tiempo no hubiera pasado. Has vuelto junto a mí para juntos resolver las asignaturas pendientes que nos devuelvan los mejores días vividos.

Para superar lo que se quedó suspendido en la nada tenemos que hacer una labor perfumada de empatía.

Necesitamos alcanzar un encuentro reparador y volver a lo mejor: el nuevo despertar que ya tiene residencia.

Nada es eterno, pero apostar por recuperar tiempos mejores es una excelente apuesta.

Los sentimientos se entrelazan regresando con premura reponiendo las columnas dañadas de nuestras asignaturas pendientes.

El sol fresco suspendido en Abril nos ayuda a discernir el desencuentro, despeñando miedos y conduciéndonos con comprensión y ganas a la resolución para llenarnos de esperanza y continuación.

TRABAJO DE LIMPIEZA

Entre lujos y sombras rondo mi pasar envuelto en tu representación camaleónica y sensual.

He puesto en oficio un personaje que me permite abordar las circunstancias de una forma moderada.

A veces la realidad se confunde con los sueños más anhelados que permanecen en espera.

Anoche soñé que mi fabricado reino era lo que era y me desperté pensativo y preocupado.

Las negaciones se vuelven frente a lo que no se ve y frenan la representación para dotarla de realidad.

El verano llega para mi sin sabotajes y me da una tregua saboreando los cambios en un profundo trabajo de limpieza. El resultado tiene buen sabor y me ayuda a conducirme por el mejor camino.

La medicina del trabajo de limpieza empieza a dejar ver su mejor cara y en ella apareces tu, siempre tu.

Necesito tu saber, necesito tu apoyo, necesito tu compañía para poder culminar sin coartadas falsas el proceso iniciado.

DISCERNIR LO NUCLEAR

Me he acostumbrado a soñar despierto en la dimensión necesitada para abrirme a la vida y su transcurrir.

Me hago cómodo con todas las venias que me alcanzan y me divierto discerniendo sobre mi propio yo.

Mis horas están, siempre, abiertas con sus gustos, y disgustos al no parar y con desenfado seguir adelante.

Me entiendo bien con el centro del discurso y convivo encontrándome en una taberna paradisiaca en la que no caben los conocidos paraísos artificiales que nos hacen confundir la verdadera esencia y olvidar la materia de lo esencial de nuestra entidad.

Con mesura y conciencia me muevo a merced de los procesos para mejorar mi calidad de vida.

Vivo en una constante corriente positiva que se ha empeñado en discernir de forma clara y definitiva lo nuclear de lo accesorio.

Gustosas lecturas llenas de pasión me traen increíbles añoranzas y recuerdos mágicos que me brindan la visión necesaria para seguir abriéndome a la vida.

ALMA DE ENCUENTRO

Acuerdos y soluciones me llenan de ganas para seguir confiando. Una hoguera de púrpura natural me cubre de formas y me alcanza al alma de mis sueños.

Mis amagos de olvido quedaron atrás frente a la contundencia de mis ganas por ti.

Me significo pidiéndote otra oportunidad, y, suavemente, volver a ser amigos y buscar otra vez el encuentro.

Con la esperanza puesta en la continuidad desgajo con palmas de ánimo nuestro futuro.

Hablando llano muestro con intensidad mis deseos.

La calidad de nuestro pasado es un buen motivo para esperar, impaciente, tu respuesta.

Sueño el momento en el que podamos darnos normalidad sin pausas y reconstruir otra vez nuestra tierra llena de acuerdos y amor.

La oportunidad, bendiga mis anhelos intensos llenando de posibilidades un nuevo tiempo de claridad meridiana que nos permita revivir y superar lo mejor de un pasado en un presente con alma de encuentro.

VOLVER AL ORDEN NATURAL

Me dispongo a seguir mi existencia con un discurso juicioso que se aleja, simplemente, de la barbarie del no querer pensar.

La realidad me enseña el camino con esperanza sin esconder los papeles que certifica que estoy saliendo de una crisis.

Símbolos con alto nivel afectivo se entremezclan en una ilusoria imagen necesitada de estrellas.

Pago las deudas sin vergüenza y vuelvo descansado a mis principios.

Me impermeabilizo de ganas para volver a mi orden natural.

Me sujeto con coherencia para volver a las experiencias sencillas y repletas de buenas dosis de realidad.

Sincero y sin manejos vuelvo a la fuente de la experiencia para proseguir ayudándome con su legado.

Sencillo y con verdad no presto atención a bocas corrientes que se presentan, únicamente por las monedas.

Mi discurso, sin apariencias, me brinda agua lucida para martillear con habilidad los enfrentamientos que me hacen perder las formas y olvidar el esplendor y la dicha que se manifiesta con la obra bien hecha.

EN HORAS FIRMES

Sin hacer ninguna parada dibujo a trazos lo que me parece fuera de mí. Cada vez estoy más cerca con ayuda de mi verdadero tiempo real.

No puedo dejar de pensar en ti.

En la distancia busco tu cercanía despojada de orgullo. Paseo los sentidos derretidos por la ceremonia del encuentro. Nunca me he resistido a tus caricias y abrazos.

Y no hay algo que más me duela que prescindir de tu presencia. No saber nada de ti me ancla, profundamente en el vacío incomunicado de esperanza.

No puedo más con este cuento del quizás.

Sin ti estoy perdido como un chiquillo que dibuja a trazos lo que le parece fuera de sí.

En horas firmes y con el codo hasta el cuello me observo sin titubeos descubriendo que no solo hacen faltan ganas para estar más cerca de ti.

Con humildad y sin perder la esperanza, sigo apostando con todas mis ganas por acercar posturas y juntos poder disfrutar de nosotros en un necesitado tiempo real.

LA LIBERTAD

Como una fuente que aumenta su fuerza los principios de la libertad se ganan de poder.

La libertad, un espacio defendido con mucha sangre, lucha y, demasiadas, lágrimas pasa todos los días pruebas para prevalecer en sus conquistas.

La lucha diaria se nutre de matices armados de verdad y valor que el pueblo reclama.

La noche de mentiras abstractas acrecentar su avance.

Las pausas y huidas por falta de arrojo y persistencia confunden los ideales en un artificio que resta las ganas.

El acontecer de los días no debe existir sin libertades.

No podemos marchitarnos en la celda de forma pasiva mientras el poder crecido sigue dictaminando leyes discriminatorias e injustas para el más vulnerable.

Quiero ser cristalino en el albor de la vida y andar acompasado que no cansado huyendo de lo injusto.

Con energía y convencimiento sigo creyendo en la conquista y mis cinco sentidos reclaman.

FRENTE A LA MALDAD

En un locutorio local me inundo de observación y sin

titubear me enfrento sin tinturas a lacónicos comentarios plagados de inmundicias.

Las miradas desafiantes no me impiden la réplica y el malestar que demuestro sin suavizar las claves.

Me enfrento con todas mis fuerzas a lo peor de la condición humana. La maledicencia consigue sublevarme y hacer frente a la falta de categoría moral.

Igual me estoy equivocando de lugar y gente intentando convenir las formas del trato.

Alejo mis expectativas sableando el acontecimiento devaluando con ironía su orden irregular.

Mezclado de sabotaje abandono el locutorio local riéndome de los absurdos y lacónicos comentarios llenos de maldad.

Sin desvariar centrando el tamaño sigo con mis buenas formas de respeto y como un sabueso me centro en lo que, realmente, merece la pena.

DESCUBRIIR SENSACIONES

Me descubro en la mañana buscando nuevas sensaciones. Necesito una nueva mirada que me permita cambiar el paradigma establecido que ha quedado caduco en el fondo y en la forma.

Avanzando me gano de formas posibles y sueños ávidos por hacerse reales cuanto antes.

Enciendo la imaginación y sin pausa me baño de fantasía y adivino el color en plenitud de la novedad en su mejor lectura.

Me presto al juego con total entrega.

Con apremio me desenvuelvo en una catarsis de perseguidas victorias.

Me enorgullezco con toda mi fuerza del viaje con propiedad empezado que se llena de brillo y sabor con las sensaciones nuevas.

Mi mirada, diáfana, ha encontrado domicilio y quiere seguir por esta senda el tiempo que sea posible para vivir sensaciones instantáneas llenas de materia viva que me permita ver el cielo sin despegarme del suelo.

DESDE EL REPOSO

Sin puñal ni grosería y el pelo duro me acerco al acantilado del ahora o nuca viviendo toda su profundidad.

La fuerza de la costumbre con destreza apunta con su temeridad a la reflexión.

La mañana transcurre, graciosamente, haciendo gala con prontitud.

Yo permanezco inmóvil viviendo el momento con la cabeza alerta y dejándome flotar con el pelo quebradizo como después de un baño de intimas sensaciones.

Doy gracias desde el reposo y la comprensión y me infundo las ganas necesarias para proseguir lo iniciado.

Me centro en lo importante y desdeño la falta de sustancia que me impide avanzar hacia la inequívoca verdad que es el único camino por recorrer hasta el encuentro con mi esencia llena de futuro por hacerse mayor.

Desde el reposo del trabajo bien empezado me felicito por haber sido capaz de enfrentarme a mis tribulaciones sin puñal negro.

EL DESEADO CENTRO

Busco, siempre, el deseado centro para dejar de volar sin rumbo.

Quiero vivir sabiendo manejar los miedos.

Recojo el cuerpo en una íntima esfera de acción para encontrar mi mejor yo con cuenta y razón.

estoy en el intento de reconocer las coincidencias entre lo pensable y lo real.

He sufrido demasiadas propuestas llenas de grandeza que jamás cumplieron sus expectativas.

Recojo de la mejor forma el testigo de la acción razonada. Presto atención al niño interior dándole la importancia que merece de forma natural.

Los hechos se suceden buscando el punto equidistante de partida para encontrar el deseado centro.

Los acuerdos hacen bien la obra.

Sin empacho desecho los ingresos extremistas que me distraen, siempre, en los intentos de hacerme mayor y localizar el deseado centro.

ACEPTANDO EL OFRECIMIENTO

Sin ninguna posibilidad de elección, me obligo a aceptar el ofrecimiento que me haces.

Siempre he sido un juguete en tus manos.

Y tu, cuando te lo pedía el cuerpo ponías toda mi dedicación patas arriba arruinando mis mejores propósitos, acercándome sin opción a algo parecido al no existir.

Tus exigencias las cubrías con falsas miradas de transigencia para engañar el mandato sin paliativos.

Para ti, siempre, fue tarde el arreglo.

Con el estómago vacío y los ojos obscurecidos de ansiedad, me rindo ante la evidencia de los hechos.

Me obligo a aceptar el ofrecimiento que me haces, aunque puedo evitar mil dudas que entre tu y yo vaya a cambiar algo para bien.

Sin ninguna posibilidad de elección y sin volverme contra mi acepto las condiciones y firmo la sentencia.

FAVORECER LOS PACTOS

En una blanca historia con lecciones de coctel académico escribo, parcialmente, una velada de caucásicos momentos.

Soy un servidor que facilito el trabajo de atención a mis personas mayores cubriendo con cariño y propósitos sus necesidades.

El trato con sigilo tiene días de ley sin capricho que se centran en la necesidad real.

Sirvo con celeridad los pactos favoreciendo la convivencia con la música del entendimiento.

Jornadas domesticas con humor y riqueza aristocrática potencian los logrados momentos de entrega altruista combinando el cariño con los triunfos pasajeros.

Una ronda e ayuda creada de experiencia protege el buen hacer dando cabida a encuentros que acercan las edades y cultivan la imaginación.

En una blanca historia con lecciones de coctel académico escribo gozoso grandes momentos llenos de compromiso en una velada de caucásicos momentos que favorecen, de la mejor forma los pactos.

APURAR LOS REGISTROS

Nuevos cumplidos de signos entendidos caminan en mi dirección como sensaciones nuevas y diferentes que corren muy deprisa cobrando fuerza y sentido en la ruta de mis manejados tiempos. Yo me bebo el pasar con cerveza y prestamos que hacen más jovial el camino.

Pendiente de mis motivadas emociones me tomo un receso para recogerme en su esencia.

Sin dejar volar la imaginación busco el centro para no poner pluma al cuero.

Mis necesidades beben deprisa y sus aspiraciones le siguen en la carrera.

Mis mejores augurios toman forma y me recuerdan que lo impredecible llega sin avisar y que tengo que apurar los registros para protegerme y estar a la altura de sus circunstancias.

Sigo bebiendo mi pasar con cerveza y prestamos que hacen más jovial el camino.

PARTE DEL VIAJE

Me vengo arriba para recorrer un paisaje colorista de hojas caídas y fiereza del ayer contenido.

Mis pies se crecen adelantándose y apostando, embelesados, por la fuerza del descubrimiento.

Se dibuja un abanico de posibilidades atrayentes colmadas de bondades que formaran parte del viaje.

Me invito a ser y sentir hoy y mañana.

Las anécdotas forman parte del juego y la curiosidad vive dentro y se pronuncia delicada y para siempre.

Con inspiración y maneras continuo el camino actuando con consecuencia, fe y buenas formas para seguir aprendiendo con esta oportunidad.

El encuentro con dulces presencias me hermanan en un hospedaje de principios y valores. El viaje es único y personal con proporcionadas dimensiones.

En esta parte del viaje aspiro a encontrarme y reconocerme en la habitación del mañana.

Sigo inmerso en un paisaje colorista de hojas caídas y fiereza del ayer contenido.

REALIZANDO UN GIRO

Con la intensidad disimulada sufro el dolor del jugador que se ha acostumbrado a perder.

Momentos sin explicación y exigencias no habladas irrumpen con las peores formas rompiendo los acuerdos y faltando a la verdad   y los pactos.

Los pensamientos se rebelan haciéndose palabras gruesas. Intensas explicaciones dicen lo que, siempre, me había costado decir y lo recuerdan con hechos que rentabilizan su furia.

Los vacíos se han hecho fuertes y tiene un alto peaje.

Me permito la licencia de realizar un giro restando importancia a recuerdos vacíos que se han diagnosticado fuertes e importantes imponiendo su impronta.

Cambio mis signos para obtener los logros necesarios que ajusten las disfunciones que me han traído hasta aquí.

Con la intensidad disimulada sufro el dolor del jugador que se ha acostumbrado a perder y ya no quiere seguir en esa disyuntiva.

Realizando un giro me reconforto de tanto vacío sin oficio para curarme de tanta perdida.

ALCANZAR LA RESISTENCIA

Con colonia fresca aparento mis condiciones de correr gitano. Con alfabeto obrero doy carpetazo a una nefasta temporada de altibajos.

Ahora quiero disfrutar del sol en buena compañía.

Me habito en la esperanza, respirando fuerte con condiciones sembradas de atención en la nueva apuesta.

Me arropo de imágenes que quieren rescatar la copa del universo que me permita vivir con consecuencia y sin engaños.

Demasiadas noches inmerso en la competición que poco me dieron por creerme en la necesidad de ser uno más, haciendo lo que hacían los demás.

No quiero encubrir mis carencias por más tiempo.

Me pongo firme con un no que se alcanza de resistencia y determinación para no repetir errores pasados.

Quiero brindarme días de ley y servicio con sentido. No quiero vivir por más tiempo en tamaño reducido.

Me alcanzo de resistencia para darme de verdad una oportunidad de cambio que merezco.

PALABRAS QUE AYUDAN

Me acompaño de humildad haciendo un homenaje a palabras que nacen del corazón para curar o ayudar a sobrellevar el dolor y la zozobra.

Palabras sabias que guardan su momento y consiguen cambios importantes que el alma demanda.

Me reconforto con la magia de ciertas palabras que están llenas de contenido liberador que paralizan yugos de sentencias injustas.

Me atrinchero con las palabras alegres positivas que están rodadas de verdad y compromiso.

Hay palabras que generan paz y dejan en la piel sensaciones que reconfortan de los ultrajes sufridos ayudando a proseguir el camino.

Las palabras guardadas de sinceridad son necesarias para crecer y desarrollarse con buenos mimbres y engrandecen las obras.

Palabras que nos hacen libres conciliando los acuerdos y poniendo las voluntades en la mejor dirección para conseguir ajustar las desigualdades y una sociedad más justa.

Me acompaño de humildad haciendo un homenaje a las palabras que me ayudan a ser mejor persona.

NUEVA CONQUISTA

Con actitud me despierto y me busco, intensamente, para saborear el día. Realmente, merece la pena seguir apostando por las causas.

El día tiene prestaciones y nuevas conquistas que ganan atención a medida que transcurre el tiempo.

Presto atención a las posibilidades hospedado sin exceso en los destinos.

Busco los motivos que me ayuden a seguir ganándome de seguridad y poder para afrontar los desafíos.

El trabajo se eleva bailando con los recibimientos.

No tengo ninguna necesidad de justificación para hacer lo que debo hacer.

Me abrigo con una dosis de indolencia para entenderme con cualquier provocación pasajera.

Fijo la atención en los nombres obviando los apellidos y empiezo a disfrutar del viaje sin mojarme la espalda.

La nueva conquista me proporciona nuevas claves.

Mi canción es la de un vocalista que perteneció a un grupo y ahora canta en solitario.

Me reconozco en un baño de reencuentro decorado de nostalgia y futuro.

ESPEJO DE PRESENTE

Me desenvuelvo con mi mejor maestría volviendo de un territorio difícil que nada tenía de natural.

Vuelvo con lo mejor de mis modos de un artificio en el que se me negó la suerte.

Las alarmas avisaron que me costaba respirar hervido de sin razón.

Cautivo en una comunión de signos confusos parecía que el suceder iba a lograr su propósito.

Pensaba que la salida estaba más cerca y he tenido que hacer verdaderos esfuerzos para mirarme al espejo del presente y reconocerme.

Ahora, después de tantos momentos de tempestad frente a la incapacidad para reconocer el camino, vuelvo lleno de ganas por reaprender lo olvidado.

Un aire de mañana fresco me seduce sacudiéndomela de ganas para hacer lo que hay que hacer.

Me desenvuelvo de la mejor manera para nunca más volver a un territorio difícil que nada tenía de natural.

Hoy me miro al espejo del presente con osadía y me reconozco.

Hoy es un nuevo día que me ofrece la oportunidad de seguir avanzando con esperanza por el mejor de los caminos.

VOLVER A SER

En el túnel de la seducción me encuentro con líneas extremas que se acercan a la provocación directa.

Entre tanta nebulosa me doy un descaso para pensar si soy yo o no?

Reconozco que no es fácil decir no a los deseos cuando se ofrecen tan alegremente.

Quiero despertar de la rutina vacilante en la que estoy inmerso y tener el poder suficiente para no hacerme daño.

Me gustaría ser más pragmático y vehemente ante la provocación. Quiero recuperar los orígenes, quiero volver a ser el que quiero ser.

Necesito derribar la muralla del no pasa nada a sabiendas que pasa todo.

Quiero escapar veloz de lo fácil para volver a ser lo que siempre quise ser.

Reconozco que no es fácil decir no a los deseos cuando se ofrece tan alegremente aun a sabiendas que no nos hacen ningún favor.

UN REGALO

Una noche de baile sofisticado encargada para arreglar desencuentros.

Un regalo en forma de actuación que surge lujosa como una buena película.

Un regalo que nace de una explosión dulce que acerca y casa los puntos discordantes.

El baile de los deseos dulcifica los extremos y reduce las distancias acercándonos más y más.

Quiero mostrarme convincente y ganarme tu confianza sustituyendo las carencias pasadas por un mejor presente que nos confirme un futuro.

quiero otra oportunidad y que olvidemos lo pasado como algo que no volverá a repetirse.

Anuncio mi apuesta de entrega como un regalo sincero.

Mañana será otro día en el que podamos recomenzar todo lo perdido tu y yo.

Mañana podemos fusionarnos con los motivos que dan gracias a las segundas oportunidades.

Quiero que aceptes mi regalo que nace de la explosión dulce que reduce los inconvenientes y me acerca más y más a ti.

GRANDES MOMENTOS

Con entrenadas sensaciones de renta positiva diviso el panorama deduciendo los regalos que están por llegar.

Estoy loco de contento esperando los personales e íntimos. He ido forjando garantías que están fundadas en el buen entendimiento de las partes.

En la constancia de una lluvia de entrega con grandes momentos, me pregunto. quien puede recibir más?

Soy consciente de la suerte que tengo todos los días sintiéndome bienvenido a casa en un paseo plagado de buenos deseos y realidades. Comparto sin licencias o con ellas grandes momentos que me hacen crecer haciéndome más pequeño.

Grandes momentos que nos damos sin hacer ningún esfuerzo forjados de ambición.

Con sensualidad me enciendo en el todo con buena estatura.

Hoy me estreno con esperanza a grandes momentos que siempre desee.

Hoy con entrenadas sensaciones de renta positiva diviso el panorama y recibo los regalos que llegan hasta mí para seguir creyendo en la vida, para seguir creyendo en mí.

LA VIDA SIGUE

Me completo con música suave para no olvidar donde viven los quereres. Me sincero sin ganancias reconociendo los defectos.

Sin orgullo me coloco al fondo de la contención para no explicar nada. Paciente hago concesiones para arreglar lo importante.

Tu tristemente, lejano solo llegas a entender lo que te interesa creer.

Con tiento decido sigilosamente postularme para curar las dolencias incomodas y poder sentir, nuevamente, el hogar.

Hago lo debido mientras la vida sigue con entradas, pausas y salidas.

La vida sigue su curso independientemente a lo que le ocurre al árbol caído.

Con determinación me presto a hacer todo lo que sea posible y éste en mis manos para conciliar los asuntos.

Me completo con música suave para no olvidar donde viven los quereres.

Me sincero sin ganancias para salvar el enquistamiento y posibilitar el acuerdo y sigo en la pelea mientras la vida sigue su curso y tu, tristemente, lejano solo llegas a entender lo que te interesa creer.

EXPLOSIÓN DE ESTRELLAS

Recuerdo con nostalgia a mis padres, soy fruto de sus biografías con olor y color.

Recupero sin esfuerzo momentos maravillosos en el que las primeras lecturas me transportaban a mundos y circunstancias deseadas en lo más profundo de mi ser.

Películas imborrables en mi memoria marcaron una impronta de viajar, ver y aprender.

En un alto del programa establecido se produce una catarsis de recuerdos parecida a una explosión de estrellas que me acercan con minuciosos detalles a un crecimiento personal que goza de buena salud.

La noche se viste de favores.

En un delicioso intento de sinceridad busco la compañía.

Con claridad meridiana y determinación me entrego en plenitud a tus encantos.

El resultado satisfactorio es para volver a repetirlo mil veces más. Mis formas en ebullición se reafirman con el brillo del agradecimiento en el rostro.

Te reconozco cuando me reconozco.

En un alto del programa cuando ocurre lo deseado se produce una catarsis parecida a una explosión de estrellas.

UN TIEMPO DESEADO

Me gano de acuerdos en un feliz encuentro, buscando ser capaz de rentabilizarlos en el día a día y de frente.

Siempre quise volver, tu ausencia era insoportable. Días de espera interminables me ahogaban en el vacío.

Al final, salto la alarma, atrás quedaron los choques sanguíneos y las amenazas de metal.

Cometimos un error. no dar importancia a los acuerdos y ello nos trajo días renegridos en aguas residuales.

Ahora sin frentes, sólo tengo compañía y dicha por haber regresado a un tiempo deseado.

Espero que los acuerdos no vuelvan a ser ignorados por las dos partes.

Este tiempo buscado a conciencia no tiene vocación de pasajero y con nuestras ganas conseguiremos días soleados de reencuentro y futuro.

Me gano de acuerdos y espero ser capaz de rentabilizarlos en el día a día y de frente y que con voluntad, fuerza y ganas de respetarlos pueda vivir días soleados de armonía, amor y futuro.

CAMBIO DE DIRECCIÓN

Bajo una invasión mayor de grandes variantes constato datos para una buena lectura.

En una influencia directa registrada en buenos mensajes intento familiarizarme con los medios.

Con mi mejor expresión me entrego con absolutas ganas adquiriendo sabor a compromiso.

Cambio de dirección para obtener representación en el aquí y ahora. Intento no expresar todo lo que mi cabeza tiene y guardo muchos secretos como si formara parte de una tribu ancestral en la que vale sólo con la palabra.

Con quietud y mesura aseguro situaciones sin delirios directores que confundan.

Regalo propiamente todo lo que puedo disfrutando del hecho. El resultado puro de forma cobra fuerza.

Bajo una invasión mayor de grandes variantes constato sueños plagados de riqueza natural, inicio de un logrado, felizmente, cambio de dirección.

ITINERARIO DE MÍNIMOS

Viajo sin perjudicar mi equilibrio y sin miedo a las conjuras. Celebro la vida y su proverbial riqueza que me deja ensimismado con la fuerza de su amor.

Pleno de confianza no hago caso a las deudas, aunque sean más fuertes que el hambre.

Mi itinerario de mínimos necesita poco pero bueno y entre mis prioridades primeras la amistad está de recibo.

Con aires de encuentro y ojos llenos de esperanza acepto, gratamente, los regalos.

En un itinerario de mínimos apuesto por la verdad por muy dura que sea, nunca puede ser peor que la mentira.

Enfrió las dudas de llano en la materia y continuo la senda.

Un resplandor de juego levantado entra de lleno en mis pensamientos y con habilidad me llena e soluciones en las manos que hacen que mi itinerario de mínimos se cubra de oficio.

HUMILDE REALIDAD

Con la guitarra callada que acompaña mis sentidos me solidarizo con el que menos tiene y sufre con decoro y en silencio su humilde realidad.

Condiciono mis deseos acordándome de mi fortuna y doy gracias por ello a mi suerte.

No me deslumbran las mentiras ampulosas que, aunque teniendo buena estatura su objetivo es confundir.

Piso el ahora despertando mi presente y titulando el origen.

No creo en la fatalidad de los castigos como medio para aprender nada.

Detesto a quien artificiosamente engaña su momento para ocultar con vergüenza su humilde realidad.

Aplaudo los modos capaces de reconducir pasados funestos por presentes dignos de tener en cuenta.

Sin hacer paradas de difícil decir sigo conformándome físico y solido para no tener que estafar a nadie con mi verdad.

Con la guitarra callada que acompaña mis sentidos me solidarizo con el que menos tiene y sufre con decoro y en silencio su humilde realidad.

PROGAMAR LOS DESFIOS

Llamo al corazón para empezar el día alto sin miedos.

Paso de puntillas por la sala de reunión para escuchar la sentencia. Tengo que programar mejor los desafíos.

llevo la mayor con un crédito de años, pero ahora nunca se sabe. Siempre he tenido buenísimas formas y he sido fiel jugando a favor de la casa en muchas ocasiones.

Odio las causas que dan para pedir más.

Me rebelo ante los formalismos tradicionales injustos y arbitrarios. Todavía quedan muchas personas protegidas bajo el signo de la mentira.

Apuesto por la justa y leal competición para hacerse un sitio en este mundo más que complejo.

Llamo al corazón para empezar el día sin miedos.

Entro, directamente, a la sala de la reunión para escuchar la sentencia.

Tengo que programar mejor los desafíos para seguir con mi destino con coherencia y sin miedos afrontando la realidad para no volver a confundirme rindiendo pleitesía a quien no la merece.

LLENO DE ENCUENTROS

En un océano de buenos momentos disfruto el bello y deseado día lleno de encuentros.

La ocasión está plagada de ganas por elevar nuestras relaciones sin dejar a nadie fuera a la intemperie en situaciones de riesgo. La realidad nos recoge a todos y todas en una ronda de mejores deseos.

Lleno de encuentros me curo de tiempos de rondas áureas en zarzales de ruidos. Lleno de encuentros me protejo de invasiones duplicadas de ironía con displicencia dura para los ruegos.

Cojo con ganas el zurrón oyendo el zurear de las palomas y sin falta de ninguna bula ni rubor continuó disfrutando lleno de encuentros. Tomamos una sopa bullabesa sin pescado y zarzaparrilla para conmemorar el encuentro con domicilio e íntimo donaire.

Con arte y tono de zarzuela disfruto el bello y deseado día lleno de encuentros cómodo como un buhonero de zodiaco.

Lleno de encuentros no escucho los bufidos del bulldog.

Lleno de encuentros hago sentir a los que no me quieren más incomodos que un búfalo en la zona glacial.

Celebro la vida llena de encuentros que me hacen olvidar todos los sinsabores y me llenan de buenos momentos.

TOMAR LA DECISIÓN

Existen excelentes motivos para la atención.

La voz se gana y la risa llega infundiendo con fuerza mejores visiones. La esperanza gana terreno con sus bondades por compartir.

Señales claras me indican que es hora de tomar la decisión, que ya es hora de tomar las riendas y afrontar sus consecuencias.

El momento responde a la luz de los acontecimientos.

La envidia se sumerge en el pozo del olvido para no volver jamás. Con naturalidad y abrumado de ganas me lleno de razones para no postergar más el momento.

Quiero ser tu compañero y formar parte de tu caminar para compartir por fin lo soñado hace demasiado tiempo.

Existen demasiados motivos para arriesgar en la apuesta. La voz se gana con un si y la risa llega dejando visionar un futuro de compromiso que necesito para realizar con éxito el crecimiento necesario para empezar a ser mayor y dueño de mis deseos que quieren realizarse y tiene excelentes motivos para mi atención.

ITINERARIO RACIONAL

En un bungalow me organizo con sobriedad instruyendo la intención. Me intensifico de inspiración para respirar.

Desde el ruedo diáfano de los inventos busco llegar al zenit de las posibilidades en un itinerario racional.

Arropado de certezas me uno a la acción para buscar las mejores salidas.

En tierra firme me reconquisto parido de ganas por hacer la travesía. Con perspectiva observo el cielo y también las ramas de los árboles. No quiero confundirme en una noria de sueños.

No quiero engañarme y descuidar el rumbo.

En un bungalow dotado de condiciones para instruir la intención me organizo con sobriedad y documentos.

Arropado de certezas me uno a la acción para buscar las mejores salidas que me permitan misionar la realidad por muy dura que sea. Inmerso en mi itinerario racional voy ganando terreno a las dudas y poco a poco soy consciente de que lo importante no es llegar, lo importante es el camino y el seguir caminando.

BUENA SOMBRA

En una conversión de placer que me une, inevitablemente, a los recuerdos me uno a la ejecución de las causas pendientes. Los signos sensoriales me acercan a elementos diferentes hasta el final del cumplimiento.

Con buena sombra me acerco a tu silueta que vislumbro sin barreras.

Con buenos mimbres me abandero alcanzándome de sueños que viajan con la luz de mis deseos.

Hijo de un tiempo de realidades interpreto mi sentir inspirado entre algodones.

Honrado de buena sombra me ato a ti con pasional armonía en una corte estética que hace mas grande nuestra unión.

En una conversión de placer que me une, inevitablemente, a ti, me interpreto travieso y pleno como un colegial después de haber realizado alguna fechoría sin maldad.

Con buena sombra me acerco a tu silueta que vislumbro sin barreras y doy rienda suelta a todos mis deseos que no podían esperar más.

PONER ESPERANZAS

Llego a la razón acogiéndome a lazos establecidos con mesura y amor.

Intemporales momentos de conciencia me llenan de llegadas deseadas desde hace tiempo.

Con traje de reclamo recibo los acontecimientos orgullosos sin evitar demostrar mis sentimientos.

En mis manos deposito todas las esperanzas esperando agradecido toparme con la cara del encuentro.

Las buenas vibraciones se acumulan y resplandecen marcando la diferencia.

Los buenos momentos llegan prestos con un viento suave que despoja todo tipo de miedos.

Celebro el acontecimiento despegándome de la helada confusión. Llego a la razón acogiéndome a lazos establecidos con mesura y amor.

Pongo mis esperanzas en momentos de conciencia que llenan de llegadas deseadas de cercanía amiga que quieren celebrar el acontecimiento entregando lo mejor para que las buenas vibraciones se acumulen y resplandezcan marcando la diferencia y poniendo esperanzas de mejores momentos y encuentros que hagan más sólidos nuestros sentimientos.

EN TIERRA TORRIDA

Irrisoriamente dragado en tierra tórrida imitando a un burgués burlón, me siento raro e imposible como bailando un zortziko con zuecos.

Llego al buscadero personal después de una conquista amable donde se mezclan las ganas y las dudas alternando su protagonismo.

Oscilando en la ruleta de los deseos me acierto de perspectiva para entender las vicisitudes de un rosario de extraño orden.

En tierra tórrida un ruiseñor interrumpe con su canto mis acelerados pensamientos invitando a la calma.

Irrisoriamente dragado en tierra tórrida me siento raro e imposible oscilando en la ruleta de los deseos.

Una infusión sembrada de olores y sabores dan paso a la comprensión poniendo alcances que me conducen motivado a buscar soluciones.

Desde el buscadero personal sigo oyendo el canto de un ruiseñor que interrumpe mis acelerados pensamientos invitando a la calma en tierra tórrida.

VIVIR CON CONVICCIÓN

Aumento la cercanía contigo siendo el artífice principal de nuestra solvencia.

Tus señas de identidad siguen padeciendo de fantasías desbordadas y tu verdad itinerante llena de insufribles cambios.

Te cuesta mucho asumir la realidad y vivir con convicción sin dudas alimentadas de irresponsabilidad.

Tus cambios injustificados no tienen límites y tu relato adolece de solvencia y plagado de lagunas que te limitan la mayoría de las veces.

Ya no puedo parar por más tiempo creyendo tus promesas de cambio que nunca se producen.

Me he equivocado contigo aumentando la cercanía y siendo el artífice principal de una solvencia que no ha existido nunca.

Asumo mi equivocación seguro y entero.

El tiempo cobra su peaje y no podemos poner freno a su transcurrir.

Me voy aumentando la distancia para que tu empieces a asumir que no se puede vivir sin convicción.

Ya no puedo parar por más tiempo mi marcha.

Espero y deseo que mi ausencia te conduzca por fin a tomar el timón de tu vida viviendo con convicción.

CARGAR LOS DADOS

En un ciclo de vida intercambio miradas gloriosas que llegan rutilantes y provocadoras.

Intervalos de gloria rompen con la rutina haciendo del sí una nueva dimensión.

Una inundación de duendes osados impone su dominio cargando los dados.

Presente y gozoso fabulo con la libertad sin precio.

Rupturista con la rutina que me hacía cómodo levanto la voz y trago con ganas manteniendo la palabra.

Una inundación de duendes osados impone su dominio cargando los dados con la boca inmóvil y sin crear conflictos.

Frases apalabradas de justificación piden paso y permiso justificando el desafío.

Ayer era ayer. Hoy es hoy.

En un ciclo de vida intercambio miradas gozosas e intervalos que se resentirán en el olvido de lo perdido. Fabulo con un sueño liberador, sin cargar los dados.

Ávido de esperanza me descubro, nuevo, cambiando las miradas haciendo del sí una nueva dimensión en un sueño capaz de hacersc real.

LLENARSE DE SEDUCCIÓN

Con fuego y sangre   busco la paz en una guerra de malas voces. Viejas heridas me quieren llevar al agujero de los miedos nuevamente. Busco la razón para adentrarme en el deseo de la pasión.

En márgenes pedregosas me acantono para seguir, cuando pueda seguir, con más seguridad.

Con fuego y sangre busco la paz en una guerra de malas voces y careos purpúreos.

Me lleno de seducción y me doy un baño de libertad para proseguir con más seguridad.

Como una flecha fulgurante de luz y diversidad levanto el vuelo con energía y fuerza.

El deseo de la pasión me libera y cura las viejas heridas fruto de mi larga estancia en el agujero de los miedos.

Con paz y lleno de alegría disfruto de un tiempo nuevo que me resarce de viejas heridas y me adentra en el deseo de la pasión llenándome de buenas nuevas.

Me lleno de seducción acercándome al deseo de la pasión olvidando viejas heridas.

ESPERANZAS DEFINITIVAS

Vivo en la competición bajo el poder acomodaticio que me presta la imaginación.

Trabajo con limpieza repasando los acontecimientos para poder llegar hasta donde tu te encuentras.

Con los sentimientos a flor de piel, me nace reconocer que eres, hoy por hoy, el mejor presente que puedo desear.

Eres el auténtico soporte de mi dicha mimando las esperanzas definitivas. Juntos subimos la montaña de los deseos avanzando en el beneficio.

Recojo las mejores flores para ti en esta destacada primavera en la que vuelves junto a mí.

Me cubro con la llegada de tus garantías sabiendo que estoy, cubiertamente sobrado de esperanzas definitivas.

Sin posicionarme de ganas celebro el néctar del encuentro. Los buenos momentos circulan con recibimiento por vía libre.

Vivo en la competición bajo el poder acomodaticio que me presta la imaginación.

Vivo con las esperanzas definitivas de vivir lo que, siempre, hemos soñado vivir.

CELEBRANDO EL ENCUENTRO

Me encuentro sumergido en la búsqueda de armas posibles e imposibles para retornar a la relación y celebrar el encuentro.

Los pequeños detalles, la necesidad y la intensidad del ruido discordante consiguen que mi retorno se postergue.

Quiero celebrar el encuentro sin anunciarlo contrastando con matices las formas y que se note la alegría en mis retinas.

Necesito sentirlo próximo en un espacio en el que predomine la naturalidad y el conocimiento.

Quiero que sea una celebración sin trascendencia, solo para nosotros.

Una fuerza amiga me presta su vehemencia, que recuerda a la de los amantes dulces que dejan atrás su cautela para celebrar su unión sin importarles lo que opinen los demás.

Con el polvo de la tierra a mis pies me hago fuerte en el intento sin volver la cara.

La verdad nos ronda con aire de fiesta en un compás de complicidad que se abre de formas posibles para retornar la relación.

El momento es único y sin trascendencia, solo y exclusivamente está hecho para celebrar el encuentro tu y yo.

CAUSAS COMPLEJAS

Mastico el día comprimido y sin tregua escuchando demasiadas peticiones de complejas causas de difícil solución.

Con cierta incomodidad observo las discordias bajo la luz de la tribulación con discursos vacíos de explicaciones inconsistentes.

Por un momento desconecto para poder entender de que se trata. Exijo tiempo para pronunciarme.

es difícil posicionarse cuando no es posible entender a las partes.

Mastico el día comprimido y sin tregua escuchando demasiadas peticiones de complejas causas de difícil solución.

La necesitada luz del entendimiento aparece sin llamarla poniendo templanza y justicia en la disquisición.

La realidad me aplasta con determinación y me recuerda que quizás paso demasiado tiempo complicando mi vivir escuchando demasiadas peticiones de complejas causas de difícil solución.

Intento trascender optimizando el día y disfrutando, nada es para tanto y el tiempo es oro.

RENOVAR PROCESOS

La primavera con sus colores y olores me ayuda a renovar procesos. La primavera llega recordándome noches de pasión que prosperaban de ilusión y futuro potenciando las mejores formas.

El olor de las flores llenaba los espacios libres y obstáculos de grandes momentos renovando y mejorando los procesos.

Me dejo caer rotundo como una piedra al suelo de las voluntades, para con mirada atenta al cielo llenarme de convenidas sensaciones que hacen más grande el día.

La primavera con sus colores y sabores me ayuda a renovar procesos y me guarda el secreto.

Con perspicacia y profundidad cumplo el oficio.

Rodeado de flores y buenas sensaciones disfruto con la palabra y tu compañía que lo hace más grande todo.

Recuperamos noches de pasión llenas de olores y sabores que nos hacen más fácil renovar procesos para seguir adelante haciendo de nuestro pasar una fiesta de palabras, sabores y olores rodeados de flores en otra primavera que, siempre, llega para regalarnos felices noches de pasión.

TEÑIDO DE DEVOCIÓN

Tradicionalismos de tiempos, que para mi han quedado obsoletos, proponen causas para ver mejor la luz de sus intereses.

Yo, hago caso omiso y me sitúo a la vuelta para burlar su imagen y falta de estilo.

Teñido de devoción por mi lucha me lleno de atención y querencia por atender mis demandas llenas de justicia y pasión.

Trabajo con inercia vital entremezclando juicio y saber apartándome de obsesiones pasadas que no me llevaron a ningún lugar.

Me refugio teñido de devoción en el lugar donde soy capaz de transformar mis ideas en contenido útil sin olvidar las buenas formas.

Las ganas retornan desatando los encuentros proclives a las causas con velos de atención salvando las dificultades.

Tradicionalismos de tiempos pasados quieren tener presencia retornando y desarrollando acciones negativas para esconder el miedo a su desaparición.

Yo hago caso omiso y me sitúo a la vuelta para burlar su imagen y falta de estilo.

Los silencios alcanzan las manos acariciando las aspiraciones.

El verano con sus bendiciones llega trayendo las buenas nuevas y teñido de devoción nos regala el descanso de las obras bien paridas.

GESTOS NOBLES

No necesito encubrir pérfidos propósitos para reconocer con gesto noble que te necesito con ganas apremiantes.

Te muestro, abiertamente, mis necesidades y dependencia que se cobra de ganas por pagar los débitos pendientes.

Tú, como siempre, acabas saliéndote con la tuya.

Sabes, a ciencia cierta, que tus encantos cuando los pones en mi boca provocan una pizca de chifladura que se crece en un desatarse sin palabras.

Con gestos nobles enaltezco la riqueza de la entrega.

La transición acoge, indefectiblemente, con pasión sin medida los hechos.

Envanecido de ganas por tu presencia sigo pidiendo más de más.

Sin carencia, los gestos nobles sinceros y sencillos se nutren con el mejor entendimiento.

No necesito encubrir propósitos para reconocer con gestos nobles que te necesito con ganas apremiantes.

Siempre espero un" me quedare".

Estoy destinado a que acabes saliéndote con la tuya.

Seguir reconociendo con gesto noble que te necesito con ganas apremiantes, aunque tú, siempre, te salgas con la tuya.

MIRADA ABIERTA

Las servidumbres forzosas caen en la obscuridad ocultando el universo real.

Procesos sin conquistas nos ofuscan y evitan la verdad. Oigo las voces que llegan con fuego oculto mientras el amor se escapa.

Susurro a tus ojos unos minutos más con la mirada abierta a las posibilidades.

No te puedo retener y menos combatir.

Quiero descubrir nuevas sensaciones junto a ti.

Quiero ser un hombre nuevo, un hombre distintivo cambiando los modos y las costumbres.

Una mirada nueva aparece en tus ojos elevando mi plegaria hasta los emisarios del cambio.

Con la mirada abierta reconozco que tu eres la alegría que me ayuda a salir del pozo.

La imagen revelada que disuelve mis practicas sin sentido. Tu eres a quien susurro, siempre, unos minutos más.

Con la mirada abierta resuelvo que tu eres lo que siempre he deseado: mi cómplice para lo bueno y lo peor.

PARTE DE LA HISTORIA

Sucesos que se alzan arreglando la ocasión construyen mi mirada. En el suceder de los acontecimientos el viento limpia la visión para construir un tiempo nuevo.

Las viejas resistencias cercadas de hormigón armado se pierden en la obsolescencia después de muchas idas y venidas.

Regreso, obediente, a las asignaturas pendientes para graduarme en "mayoría de edad."

El generoso viento hace parte de la historia y, a veces, me coloca en una posición de vértigo.

Puedo entrever al futuro niño/padre tomando decisiones con valentía.

Asumo mi tiempo aceptando los triunfos y los fracasos como parte de la historia que asume los beneficios y los contratiempos reflejados en mi cuaderno de bitácora.

Sucesos que se alzan arreglando la ocasión construyen mi mirada en sucesos que se crecen acertados de seguridad y buenas formas en un hemisferio de eternas ganas por mirarme y reconocerme.

LEVANTARSE DE LAS CAIDAS

Sin correr, demasiados, riesgos e ignorar casi todas las ofensas establezco mi estilo de vida en libertad y con respeto a lo que, todavía, so soy capaz de comprender.

Evito el sinsentido y me hago entender en tierra firme.

Busco con prudencia el aumento intentando, siempre, no dañar a nadie. Si me caigo, me levanto como si no me hubiera caído.

Si me hundo en el fango, salgo del fango como si nunca hubiera estado allí. No me revuelvo contra nadie cuando no consigo mis propósitos.

Levanto mis caídas sin gritos y con decisión pongo más cuidado. Resuelvo con humildad las dudas cuando aparecen crepusculares. Me centro, abiertamente, y me guardo en los límites de mi área.

Soy fiel a los inventos del alma cumpliendo sus resoluciones.

Me siento protegido y con vivacidad y confianza levanto mi día a día rodeado del conocimiento que necesito para entender las circunstancias y proseguir el viaje resuelto de facultades.

Sin correr, demasiados, riesgos e ignorar casi todas las ofensas establezco mi estilo de vida en libertad y con respeto, a lo que, todavía no soy capaz de comprender.

EXTRAÑOS MOMENTOS

Con la mejor arma contra la indiferencia me infundo de valor acertadamente. Con la dureza que me da la seguridad me repongo desvaneciendo el trato recibido.

Llegue a la tierra desnudo y me iré vestido de experiencias. Soy un modesto habitante de un espacio que convive con las dichas y desdichas entendiéndose con el medio.

Procuro ser fiel a mis principios sabiendo que las consecuencias no están exentas de extraños momentos sin respuestas.

Utilizo a modo de balancín mis tribulaciones para seducir con certezas los movimientos que hace la corte de extraños momentos.

Trabajo, activamente, en contra de todo lo que me resulta incomprensible y arbitrario.

Enderezo el cuerpo subiendo el cuello mostrando acritud a las injusticias. Con mis principios hago valer mis certezas con humildad y oficio de hacerme entender.

Con la mejor arma contra la indiferencia me infundo de valor acertadamente. Soy un modesto de habitante de un espacio que convive con las dichas y desdichas entendiéndose con el medio.

Llegue a la tierra desnudo y me iré vestido de experiencias.

TORBELLINO DE SENSACIONES

Me desayuno con fulgor sugerente que me recuerda, agradablemente, cargado de nostalgia buenos momentos de ingenua adolescencia.

Torbellino de sensaciones en los que la determinación era una constante para obtener una de tus miradas.

Ahora, con garantías, tu amor llena mi corazón afirmando mis dichosos días.

Recuerdo como tus cartas de verano llegaban produciéndome madrugadas de insomnio.

Torbellino de sensaciones que hacen grandes mis recuerdos llenando mi memoria de calidez y nostalgia.

El tiempo nos ha demostrado que no estábamos equivocados y que esos momentos han logrado su pleno objetivo.

Pronuncio un voto de amen recordando ese torbellino de sensaciones.

Esas cartas de verano que llegaban, directamente, a la boca de mi estomago cimentando nuestros deseos, hoy más que nunca tienen sus recuerdos sentidos porque se han materializado en un glorioso presente que sigue creciendo en un torbellino de sensaciones.

EL CORAZÓN ABIERTO

Busco el mejor entendimiento cuando los contratiempos cobran importancia. Tengo el corazón abierto para llenarme de posibles soluciones.

Con visibilidad ahuyento las flaquezas blindándome de instinto para demostrar que no soy de barro.

Demando, siempre, otra oportunidad al destino porque creo en mí y sé que puedo forjar otro tiempo para corregir errores.

Con dulzura complemento mis capacidades sin enmascarar profundos deseos.

Con fortuna me presto, agradecido, para recibir sin tardanza los beneficios que genera el esfuerzo.

No necesito sables ni revueltas para reconocer las causas justas. Mi inspiración consigue que con nada me haga creer que tengo mucho.

Con el corazón abierto recibo regalos que son el mejor entendimiento de haber hecho los motivos grandes y sin contratiempos.

Con el corazón abierto renazco lleno de esperanzas y certezas. Descubriendo nuevas capacidades que aportan el mejor entendimiento con mi pasar y su devenir.

UNIVERSO PRIVADO

En un festín de vapores que escapan de la rutina vivo el día a día.

Pago los impuestos y custodio el tiempo frente a la pesadumbre humana.

La verdad se rebela en la arquitectura del cuerpo forzando un claro desafío.

Comparto mi universo privado, sin caer en la servidumbre, conquistando espacios saludables para interpretar el fuego oculto del amor.

Con saña descubro nuevas sensaciones, en primera fila, rescatando al hombre perdido.

En un festín de vapores que escapan de la rutina vivo el día a día en mi universo privado.

Un coro de buenas vibraciones inundan el espacio haciéndome notar mi suerte reflejada en un oasis de formas y colores que hacen más grande mi universo privado empedrando todas mis fantasías de un material resistente y duradero para escapar de la rutina y vivir elocuentemente el día a día.

GANAS DE AVANZAR

Preservando la identidad vuelvo, íntegramente, volcado de emoción a tu encuentro.

Me sobrecojo pensando en nosotros con música culta saboreando un silencio repleto de emociones.

Encubierto y con muchas ganas de avanzar vuelvo al punto en el que lo dejamos.

Sin pausas me propongo un traslado para reanudar el camino. Lleno de recuerdos sin freno parezco haber crecido pegado a ti.

Las incidencias sufridas en las ganas de avanzar las guardo en una caja de cristal.

No quiero encubrir mis deseos, quiero que sepa sin disimulo mi necesidad.

En un manotazo de insolencia me desentiendo del sinsentido. Lagrimas se deslizan por mis mejillas bajo la locución de cuidadosas palabras llenas de comprensión y futuro.

Preservando la identidad vuelvo, íntegramente, volcado de emoción

a tu encuentro en un espectáculo de limpieza sin estrépito para proseguir centrado y con ganas de avanzar acompañado de tu presencia para abrirnos a una nueva vida que cumpla todos nuestros deseos.

INCIENSO DE RECUERDOS

Un majestuoso aluvión de ideas me gratifica con momentos ilusionares llenos de certidumbre y consentimiento.

Repleto de animados halagos y consentimiento doy gracias a un incienso de recuerdos que desestiman mi angustia y me asocian paso a paso a la dicha sin necesidad de explicar nada.

Me miro al espejo feliz, recuperando mi mejor yo, el que nunca debió desaparecer.

Un incienso de recuerdos me devuelve veladas en las que en el ayer ocurría lo mejor que podía ocurrir.

Con un movimiento, rotundo, de cabeza digo, de nuevo, si a la vida sin palabras.

Me nutro con las mejores ganas para seguir creciendo en los propósitos que ponen acento en lo importante.

Con alegría refinada y certidumbre me va a costar lo indecible volver a perder la cabeza.

En un incienso de recuerdos anuncio mi fortuna y me miro en el espejo recuperando el mejor de mi yo en un, grandioso, espacio de paz y compromiso.

RACIMOS DE PLACER

Con una graciosa costumbre de estética simpática levanto la mañana.

Con una expresión de fiesta interna de encantamiento hechizo las delicias del día.

Simplifico los limites materiales en beneficio de las ganancias del alma.

Posiblemente, embriagado, de juego limpio me regocijo con una poesía de amor.

Para no perder las buenas costumbres me lleno de risa saboreando una golosina.

Siento que mi tiempo transcurre en un edén de racimos de placer. Un sueño paradisiaco cae de plano en el cien por ciento como uno de los mejores sueños soñado.

No tengo dedos para contar las ventajas de este maravilloso pasar.

Racimos de placer engrosan las filas del mejor verbo que conjuga la vida.

El consentimiento llega pleno y su estética me colma de racimos de placer en la mejor expresión de fiesta plena que hechiza las delicias del día.

PRAGMÁTICO Y COMBATIVO

Paladeo las mieles que dan sabor a las ventajas del poder ser y sentir.

Pragmático y combativo no me torno esquivo catequizando los silencios que impiden volver a mi realidad.

Pragmático y combativo retorno a, las bien nacidas, concesiones para administrar el pan a los anhelos adormecidos.

Pragmático y combativo despierto de un alambicado sueño alargado de medias verdades sin final.

Quiero recuperar ausencias necesarias para seguir apostando sin engaños ni recaderos que me confundan.

Decisivo marco las directrices para el encargo fertilizando mis recursos de habilidades posibilistas.

Pragmático y combativo pongo el dedo en la llaga dando a las respuestas. Sin temeridad centro en imágenes que alienten con propiedad la verdad Pragmático y combativo recorro el camino sin cercar las posibilidades para vivir y expresarme sin cortapisas para seguir paladeando las mieles que dan sabor a las ventajas del poder ser y sentir.

LITURGIA DE SATISFACCIÓN

Aunque viviera un millón de años siempre faltarían años para agradecer la buena tanda de descubrimientos maravillosos que se ha afanado generando con desprendimiento esta larga liturgia de satisfacción que disfruto.

Aunque me quedara sin palabras mi agradecimiento inventaría formas para brindarme con entidad desprendiendo mi gratitud.

Por ti, pierdo la cabeza ganándome de alegrías cuando los encuentros llegan para reproducir las metas en esta liturgia de satisfacción.

En una vorágine de jornadas tórridas de acción, afectos, amabilidad y coquetería nos aferramos aprestando nuestra dependencia como lo hacen los animales a las personas.

Con la cabeza alta, asumiendo tu mandato de reinado no te cambiaría por ninguna, aunque viviera un millón de años.

Rodeados de satisfacción, siempre, tendrás mi devoción incondicional blindada de oficio a tu servicio.

Aunque viviera un millón de años, siempre faltarían años para agradecer la buena tanda de descubrimientos maravillosos que se han afanado generando con desprendimiento esta grande liturgia de satisfacción que, afortunadamente, disfruto.

FORMA ESPERANZADORA

Con riesgo imaginario busco el calor de tu boca escondiendo el temor al rechazo.

Me disfrazo de otra persona, vistiéndome de valiente para aceptar el riesgo con acalorado pudor.

Mis palabras tímidas se recortan de tropiezo a la hora del desafío.

La pereza me hace una mala pasada buscando la respuesta deseada. Con forma esperanzadora sincronizo los movimientos para no ponerme en evidencia.

No quiero postergar más la espera. No quiero sufrir por más tiempo.

No quiero persistir en la vacilación.

Recorto los miedos con forma esperanzadora y evitando el riesgo imaginario busco el calor de tu boca.

Me compongo, valientemente, escondiendo el temor al rechazo y me enfrento, acaloradamente, a tu presencia para llenar mi existencia de sentido y futuro.

SIGNO DE SENSIBILIDAD

Me hago visible y necesario inventando remedios para conciliar desacuerdos en un signo de sensibilidad necesario y vital para lograr el encuentro.

Estoy hecho para que mi sangre corra por mis venas y el milagro de la vida continue.

Mi carne espera, deseosa, que muchos milagros por ocurrir se sucedan en un signo de sensibilidad.

Generalmente me alcanzo de aventuras sin miedos.

Con cierto mimetismo imito a ciertos animales para protegerme y, mientras tanto, seguir viviendo haciéndome grande.

Respiro con fuerza en secundarios actos pausados para analizar con, profundo. orden las motivaciones que me han traído hasta aquí.

Me hago visible e indispensable probando soluciones que concilien desacuerdos.

Con signos de sensibilidad necesarios y vitales intento lograr el encuentro.

Con tranquilidad, disfruto con las garantías del trabajo bien hecho los milagros que comienzan a sucederse bajo los presentes y bien elaborados signos de sensibilidad.

LA FRAGANCIA DEL APEGO

Al abrigo de varias certezas empiezo a dilucidar mi sapiencia. Reflexivo, sin incomodidad y olvidos recuerdo como comenzó todo. He descuidado el orden natural de mis días confundiendo la fragancia del apego por otra cosa que no se parece en nada por mucho que me empeñe.

Los recuerdos se aferran en no desaparecer e imponen su impronta para volverte a ver.

Me dicen que no quieren bailar con otra, que nunca han dejado de quererte.

Bajo la fragancia del apego unas lágrimas venidas sin llamar galantean el corazón con los mejores recuerdos.

De los besos, prefiero ni acordarme.

La fragancia del apego impone su mandato con más fuerza que nunca. Quiero volver a sentir contigo esas risas interminables que me abrían a la plenitud del infinito.

Sin ti mis tiempos se alargan sin sentido perdiendo el tono que deseo. Mis días sin ti son la nada.

Quiero reconocerme de nuevo y recuperar el orden natural de las cosas teniéndote entre mis brazos.

SIN APENAS DARME CUENTA

Sin apenas darme cuenta olvido las estrecheces cotidianas soñando contigo.

Sin apenas darme cuenta tu risa deja huella cubriendo mis sentidos de placida herencia.

Sin apenas darme cuenta me dejo hechizar por tus encantos que me doctoran en experiencias inolvidables.

Contigo es muy fácil adentrarse en la bóveda de los deseos que me hacen tanto bien.

Contigo es muy fácil canalizar una combinación íntima y personal que ordena, sabiamente, mis necesidades.

Cuerpo a cuerpo me acostumbro a vivir poco a poco.

Cuerpo a cuerpo me tomas la medida y acercas el sentir a una experiencia única.

Cuerpo a cuerpo avanzamos llenos de futuro hacia la unión que se consolida con los encuentros sin apenas darme cuenta.

Contigo las ganas se llenan armonía y buenas maneras y consiguen logros gloriosos en la oportunidad que nos hemos dado sin apenas darme cuenta.

PALABRAS DE SABOR DULCE

Me dije sí haciendo caso a un programa intenso que ponía en valor las palabras con sabor dulce.

Me dije nunca más a "maldita sea tu estampa".

Me dije si a esto me está sucediendo, realmente, a mi.

Me cubro de seda, sin encoger los hombros para divisar el futuro.

Ahora siento que puedo correr en la dirección que me ayuda a corregir desajustes con palabras de sabor dulce.

Necesito ser menos castigador cuando el día produce inclemencias y vicisitudes no deseadas.

Me dije no a fruncir el ceño de forma gratuita.

Me dije sí a dedicar más tiempo y profundidad a los pensamientos elaborados con palabras de sabor dulce.

Me dije sí a los cambios que me hacen mejor persona.

Me dije sí a la acción que me devuelve presto a la batalla por la igualdad. Los ojos se vuelven hacia ti buscando la risa que intercalas con palabras de sabor dulce.

Me obligo a seguir tus pasos bajo una crecida dosis de vida colmada, inteligentemente, de palabras de sabor dulce.

COBRARSE DE FUERZA

Me lleno de buenas razones con el poder agolpado de fuerza. Lleno mis esperanzas con positivos mensajes pedidos al corazón.

El palacio se cobra de fuerza y repleto de sentido despeja las dudas inventando el camino a la gloria.

Saliendo de la trampa tras un tiempo detenido en el sinsentido movilizo las sinergias para cobrarme de fuerza y alcanzarme de suficiencia para dar rienda suelta a mis necesidades plenas.

Apuesto para ganar sin esconder por más tiempo mi identidad que necesita cobrarse de fuerza rotunda para asumir nuevos retos.

Me lleno de mejores razones ayudado por un bálsamo de esperanza que cura los errores y glorifica el tiempo que, ahora, me queda por vivir.

El palacio se cobra de fuerza y repleto de sentido despeja las dudas inventando el camino a la gloria y sus buenos augurios.

SIN ARTIFICIALIDAD

Salgo del refugio para volver a la vida sin artificialidad.

El misterio vuelve a reencontrarnos para entender causas pendientes.

Quizá, ahora, las lágrimas vuelvan a brotar pero de risa. Recuperamos momentos únicos de dedicación y suavidad desalojando lo que sobraba desde el principio.

La sonrisa coquetea con los sentidos generando esperanzas y recuperación.

Los dos forjamos un nuevo horizonte de expresiones cuidadosas llenas de ternura sin artificialidad.

La magia nos acompaña en nuestros movimientos sigilosos llenos de belleza haciéndonos consciente de que algo grande vuelve a formar parte de nuestras vidas.

Salgo del refugio por entero para volver a la vida y sin hacer ninguna mueca me sumerjo sin artificialidad en los detalles finales volviendo junto a ti al misterio que nos da otra oportunidad para entender causas pendientes y regresar, abiertamente, a la vida.

ENFRENTARSE A LOS MIEDOS

Me zambullo sin salpicar dando caza a las buenas maneras para aceptar, irremisiblemente, las consecuencias.

En una vorágine de avisos conscientes con hambre de resolución me enfrento a los miedos.

Ellos retornan espinosos y violentos con la soberbia y prepotencia recordando su poder.

Me defiendo armado de convicciones y me enfrento presto a pelear la batalla hasta su desaparición.

No voy a dejarme domesticar por muy difícil que se pongan las ocasiones.

Con la suavidad de mis impulsos naturales me sacudo de desafío para negociar sin rendición un pacto justo.

Me enfrento a los miedos, aunque el vino sepa amargo y pongan la visita difícil.

Me zambullo salpicando y me abrazo a las buenas maneras para aceptar lo que me toca aceptar sin bajar la cabeza.

Me hago con la fuerza que se requiere para enfrentarse a los miedos apoyando mis dudas en tierra firme con buena compañía.

EN CONSTANTE MOVIMIENTO

En un ambiente de armonía conectada el destino elige las palabras emitidas en un festín de interpretaciones en constante movimiento.

La prisa por entendernos con acierto establece paráme-tros agudos y con diferente color.

La realidad me llena de paz y sosiego con determinación. Las capacidades en constante movimiento se transfor-man en acciones con buenos modos.

La voluminosidad se hace pequeña y se transforma en reflejos fáciles de entender.

La verdad de las obras en constante movimiento deja al descubierto algunas mentiras.

Las faltas ocultadas en aciertos cálidos son la nada en constante movimiento. Ardores de envidia en un acto público se confunden en constante movimiento en un sinsentido de palabras pobres y son la antesala, irreme-diablemente, de un futuro de desconcertantes conse-cuencias.

En constante movimiento quedaran las obras que ocu-paran el devenir de las palabras haciéndolas realidades.

ACEPTAR LA PARTIDA

En un camino de iniciación quiero tomar avance para aceptar tu partida. Si tengo que pedir ayuda, lo haré.

Me inicio, dejándome ayudar con buenos pasos que me hagan entender bien la dirección.

La realidad, aplastante, ya me había dado varios avisos, a los que hice caso omiso.

La comodidad había tomado poder para no aceptar que tu partida podía ocurrir.

El confort no quería reconocer, aun sabiéndolo que las cosas no iban bien.

Restaba importancia a tus demandas con un luego hablamos… Mis zapatos se resistían a aceptar lo previsible.

En la calle, la farola me reta para firmar la partida.

Las ventanas de mi casa me recuerdan que, ahora, tengo otras obligaciones. Nuestra perra te busca en todas las direcciones.

En un camino de iniciación empiezo a asumir tu partida y parte de tus razones.

En un camino de iniciación hago lo debido sin mentiras piadosas que me impidan aceptar tu partida.

APUESTA PERSONAL

Improviso, sin darme cuenta, una apuesta personal a buen recaudo de soluciones provistas de madurez.

Busco otras respuestas que me permitan salir de un impaciente pasar anclado en viejas costumbres necesitadas de cambios.

Necesito con urgencia salir de un tiempo de sufrimiento innecesario robado a la dicha.

Con la cabeza fría salgo de adentro para encontrar respuestas que me conduzcan a las gracias que huyeron hace tiempo.

Improviso, dándome cuenta una apuesta personal a buen recaudo, necesitada de soluciones provistas de madurez que me permitan avanzar con la dosis necesaria las esquinas inyectadas de pasado que me retenían sin futuro.

Rompo con un tiempo plano e irracional que me engañaba, sutilmente, a permanecer artificial: pareciendo natural.

Improviso, consciente, una apuesta natural para encontrar otras respuestas que me ayuden, definitivamente, a reencontrarme con las gracias que me brindaban su esencia y desaparecieron hace tiempo.

ALIMENTANDO EL CORAZÓN

El gusto cumplido me premia con una limpia mirada cuando alimento el corazón.

Los logros conseguidos después de subir cuestas, que en principio, no parecían tan empinadas, se satisfacen alimentando el l corazón.

Una verdadera sesión de deseos me espera cuando miro a las estrellas y alimento el corazón.

Los principios se declaran, tremendamente, cercanos y agotan las soluciones demandadas alimentando el corazón.

Reconozco a primera vista la solución en toda su dimensión cuando con mimo alimento el corazón.

Un silencio de dicha me acerca a los paisajes cotidianos con maestría alimentando el corazón.

Duermo con la seguridad que me da el gusto cumplido de saber que mañana será otro día para alimentar el corazón.

Los principios se hacen fuertes con la nueva mañana, cuando sea ciencia cierta, que la vida continua de la mejor forma, dándome la oportunidad de seguir alimentando el corazón con verdad, pasión y agradecimiento por todo lo que me ofrece día a día.

RODEADO DE VITALIDAD

Paseo lo mejor de mi intención con predicamento rodeado de vitalidad.

Con inercia vital y el cuerpo descansado busco con intensidad el espacio saludable rodeado de vitalidad.

Embriagado de belleza admiro con profundidad las realidades que generan colores y me rodean de vitalidad.

Análisis prometidos de esperanza que me centran en lo esencial me ordenan de vitalidad.

Palabras plagadas de buenas intenciones que dan motivos a las soluciones reales me rodean de vitalidad.

Acepto las condiciones del juego.

Rodeado de vitalidad exploto sin condiciones exponiendo lo mejor de mi interior.

En una búsqueda, sentida de ganas esparzo mis palabras y actos cubriendo objetivos.

Rodeado de vitalidad paseo lo mejor de mi intencionalidad con predicamento siendo fiel a mi mismidad.

SENSACIONES DE JÚBILO

El poder, siempre, juega con ventaja manejando el juego en su provecho.

Me protejo de las heladas sin moverme a la guerra. No necesito alardes voraces para no ir,

La primavera entra con su luz por mi ventana y me hace sentir bien.

Disfruto de una melodía mientras un majestuoso estallido de sensaciones cubre toda la alcoba.

Por momentos me bautizo con una nueva ilusión.

Tú te acercas con juicio templado y manejas ciertas sensaciones de júbilo con dosis de poder en calma.

Hoy no es una mañana como todas las demás.

Mi revolución personal desnuda el alma para rendirte pleitesía por vivir conmigo otro día con tus celebradas caricias que aportan bálsamo a mis tribulaciones.

Tu poder, siempre, juega con ventajas y no le hace falta manejarse en tu provecho para ofrecerme otro día de dicha y caricias que recorren mi cuerpo y dan luz de posibilidades a mis anhelos.

TUS PALABRAS

Mezclo diferentes ingredientes para realizar un deseado encuentro al torcer la esquina

lucho, impenitentemente, en la esperanza de ganar tiempo para los dos.

Tu eres la clave de entrada a un añorado universo repleto de gloria sensitiva.

Yo soy un obrero lleno de necesidades sin cubrir y que la suerte le ha pillado con el horario cambiado.

Me esfuerzo por mantener los pies firmes en el suelo.

Tus palabras me descubren, claramente, mis descubiertas necesidades. Tu saber hacer acondiciona mis faltas e impulsos en acciones ordenadas de verdad y razón.

Me acerco al mandato para ser el que he querido ser siempre.

En mi centro de gravedad tus palabras producen confianza y ganas por hacerlo mejor que hasta ahora.

Tu atención muda mis mentiras de extremo a extremo cuando mezclas habilidad y paciencia.

Tu eres la llave de entrada a un añorado universo repleto de gloria sensitiva.

BAÑAR LOS MIEDOS

Me expongo a un examen como si se tratara de un juego de niños. Las preguntas viven en mi ser esperando ser escuchadas.

Paladeo en profusión las dudas permanentes y dejo salir las respuestas automáticas.

Observo, detenidamente, tu boca que parece disfrutar de las mieles de la certeza eternamente.

Al mas puro seductor me visto de suficiencia haciéndole el juego a la mejor puesta en escena.

Con una colonia que baña los miedos y ayuda con los silencios me expongo a un examen como si se tratara de un juego de niños. Me miro en un espejo que insufla pulsión y paz a los anhelos.

Me ayudo con los fracasos adormeciendo las penas con alma pura. Al final, disfruto del resultado paladeando en profusión las dudas permanentes para dejar salir las respuestas automáticas llenas de verdad.

CUIDAR LOS COMPROMISOS

Adquiero compromiso trabajando contigo con nombre y reglas de juego.

Nada seda con tanta manga larga como el arte de adquirir compromiso con la palabra.

No deseo adquirir siguen vacilaciones compromisos.

Mis decisiones establecen jerarquías y perseveran en el valor de las experiencias vividas.

Los experimentos a veces, lamentablemente, son obsequios por los favores recibidos.

El compromiso debiera ser proporcional a la calidad de un discurso de buena fe.

No deseo heredar artimañas que cercenen los recursos para descuidar los deseados compromisos.

La pereza bebe en un agua fetal que te termina conduciendo, irremediablemente, al infierno de las flaquezas.

La ingratitud no entiende de compromisos y se satisface como si tuviera la banca y jugara con trampas.

Adquiero compromiso trabando cortejo con nombre y reglas de juego con mi mejor discurso alimentado de buena fe.

LAS FLORES DEL CAMINO

Me gustaría manejar el timón con excelencia de las soluciones con jerarquía. ¿Me gustaría devolverme la ilusión que he dejado de tener y no me preguntes por qué?

Se me está pasando la vida esperándote.

Me he acostumbrado al rechazo, siempre, esperándote en el banco de la esperanza.

Me fundo en la búsqueda de los logros pendientes intentando reducir las burbujas de dudas razonables que todavía tienen su importancia.

Prosigo el camino lleno y abierto para regar a un poblado de acontecimientos que perdonen y modifiquen mis desastres.

Las flores del camino me acompañándoos y huelo su perfume que se presenta ante mi sin anunciarse.

Quiero atraer el deseo en muchas miradas que se desenvuelven con la respiración pausada.

Amañado a la mejor manera retorno abierto a la vida para manejar el timón con excelencia y devolverme la ilusión que había perdido y que ahora comienzo a recuperar.

SUPERFICIE PARA RESPIRAR

Cuando el convencimiento es solo magnetismo pongo en juego mi extrema vitalidad para llenarme de confianza.

Pongo los reflejos en una intensa caza de realidad inalterable.

Las huidas, las causas, la verdad, e incluso la mentira no ponen en peligro las permanencias en sus primeras apariciones.

Superviviente de un troncal común con visión pública me dispongo a evolucionar en una rara superficie para poder respirar sin ayuda.

Ahora, resido con cierto éxito en una nube de prudencia agitada. Me adhiero al momento que me dan paso en una eclosión febril de ganas y miedo.

Subo de la superficie para respirar mejor y pronunciarme más tarde sacando lo mejor de mí.

Conservo ciertos caracteres primitivos que me ayudan terapéuticamente a explorar el avance de los conocimientos cuando las dudas se fragmentan. El cielo no se ha movido y me sigue hablando de compromiso reflejando una infinita confianza de realismo inalterable en una superficie para respirar.

LA DULZURA DE TUS PALABRAS

Me cuadro en libertad para darme autoridades en casi todo a mis, improvisadas, formas a la hora de entenderme con el presente.

Lo hago con, infinito, respeto como un huésped que no quiere quedarse a correr riesgos.

Sorprendentemente, no quiero escapar de las dudas del momento, En principio, siempre, busco aumento, aunque tenga que encontrarlo en lugares nada apetecibles.

Te busco conmovido, rápidamente, en un ciclo continuado de actividad crepuscular.

Persigo con discurso el consuelo de tu presencia. Persigo con conocimiento la dulzura de tus palabras.

Te persigo para curar las afrentas asestadas que cargo en la parte más dolorida del alma.

Evito los límites para llegar, rápidamente, hasta tu encuentro. Aunque no entiendo ciertos matices intento resolver con definición tus intenciones.

En libertad, me cuadro para darme autoridad en casa a mi formas para entenderme, siempre, contigo.

EL FUERTE DE LA NOSTALGIA

Tengo motivos para reír sin parapetarme en el fuerte de la nostalgia. Tuviste alguna vez la intención de darme una segunda oportunidad? No quiero enlutar las cargas a nadie.

No me importa la vida de los demás.

El futuro se alcanza subiendo a la corona de la torre costeando, sabiamente, el presente.

Desde el radio de la plaza vuelvo a casa.

En la hora del presente tengo motivos para reír, sin tener que parapetarme en el fuerte de la nostalgia.

Con el espíritu lleno de ganas de futuro me dispongo a hacer todo lo que me brinda la vida con la mejor de las sonrisas.

Con el color de la humildad y buenos propósitos continuo el viaje Con las manos lavadas de presente y sin vaciar las cargas a nadie me río con fuerza y ganas costeando, sabiamente, el presente sin tener que parapetarme en el fuerte de la nostalgia por muy difícil que se tornen los acontecimientos.

CUERPO DE ADRENALINA

Me hago con códigos diferentes, hasta ahora, para sentir con profundidad la grandeza del momento.

Comienzo el día despejando factores que me impiden avanzar en buena dirección. Ataco con saña la rutina escapando de sus garras.

Con optimismo desarrollo un caudal de fuerza interior que me acompaña en la campaña.

Quiero que la parte más valiente regrese a los acuerdos antes que llegue la noche.

Tiro los miedos con sus pesados repasos al limbo del olvido.

Con el cuerpo de adrenalina lleno a rebosar de registros positivos me dispongo a cumplir la misión.

Con música, penetrante, me hago con códigos diferentes, hasta ahora, para sentir con profundidad la grandeza del momento.

Necesito llegar con la parte más valiente entregada a los acuerdos antes que llegue la noche.

SIN SIMULAR ENGAÑOS

Lejos de conceder tiempo al odio, me rodeo de esperanzas para sentir la claridad que me debo porque las necesito.

Al amparo de un buen discurso lleno e consistencia y reparación me esfuerzo en cumplirlas ellas de oro que cobijan las querencias del corazón.

Actúo con actitud sin simular engaños para o perjudicar dañinamente a nadie.

Primo las ventajas del aprendizaje, aunque duelan. A las buenas, parece que me cuesta más aprender. Sin ociosidad me entrometo para ayudar.

Sin antojos envidiosos quiero todo lo que el universo haya dispuesto para mi.

Me comprometo a cumplir, puntualmente, con las obligaciones que me impongo.

Aprendo esperadas formas de cortesía que me subrayan que voy por el buen camino.

Lejos de conceder tiempo al odio me rodeo de esperanza con la claridad que me debo porque las necesito.

EVITANDO LOS RIESGOS

Quiero salir del embrollo sin alcanzar los riscos.

Tengo mucha fe en terminar con las nefastas consecuencias que originaron más problemas de los que ya tenía.

Una mala gestión hecha sin pensar, me ha traído hasta aquí. Por sorpresa recibo una señal de calma.

un viento ciento de remedios propio de ayuda y efectivo aporta mucho en la solución evitando los riesgos.

Me apresuro a cumplir órdenes que prometen poner ojo a lo que me preocupa sin hacerme daño.

Uno todas mis fuerzas para hacer frente a inconvenientes y transformar el embrollo en un mal sueño en el que es posible vestir de remedio.

Salgo del embrollo sin alcanzar los riscos.

Con versatilidad rijo las cuestiones tocantes a los sentimientos como hace el campesino cuidando los detalles al manejar la hoz.

Salgo del embrollo sin alcanzar el risco.

RODEADO DE PREGUNTAS

Pongo punto final a la música ratonera de un pésimo día Continuo mi proceder rodeado de preguntas que pedalean en un batiburrillo de secuencias incomodas.

Sumergido en un bautizo de elocuentes sensaciones disimulo las tentaciones para la gresca.

Me habilito en modo urgente en tapar grietas que ponen en mal estado mi sentido del honor,

Hogareño, me muestro locuaz en el jardín como un jarabe de cola que se bebe sin ninguna dificultad.

Rodeado de preguntas, me siento animal con los signos que andan a su capricho por la cuneta el entendimiento.

En un laboratorio magnánimo de encuentros continuo mi caminar Rodeado de preguntas presido una junta que se torna sin apenas darme cuenta en un sumario de preguntas con difíciles respuestas. que viven en un angosto jaral.

Magistralmente y sin dificultad recorro ángulos pasados poniendo final a la música ratonera que pedalea en un batiburrillo de secuencias incómodas.

BUSCANDO LA BANDERA

Juego con los dados y espero volver a ganar para terminar un camino a medio hacer.

La fe la llevo en las manos.

Un filo de conciencia se filtra y me hace huésped de peso. Mas temprano que tarde tengo que llegar al rebosadero para darme una tregua y proseguir el camino.

Existe un tiempo para no arrebatarse por palacios de oro que solo eran oropeles pintados de purpurina.

Con la vista puesta en el frente sintetizo el espíritu recoleto unido a tu nombre para ponerme a la espera de un deseado trato lisonjero,

Buscando la bandera me pierdo en una discusión y olvido las líneas rojas que nunca debí traspasar.

La cordura entra en acción buscando la bandera en un juego de dados donde espero volver a ganar para terminar de una vez el camino a medio hacer.

EMPIEZO A PENSAR

Sin prologo ni cuerpo de entendimiento he acabado sumido en un régimen no elegido.

Una aleación de pleitesía mal entendida con pretensiones disformes me ha sumido en esta vorágine sin fondo.

Sesudos pensamientos sufren el recargo con gran decepción por esta torpeza y todo su desarrollo.

Después de derrumbarme me levanto con normalidad y con la misma actitud me juro no volver a derrumbarme.

Empiezo a pensar de forma creíble que mi existencia no necesita de enseres ni ob Jets que sobrecarguen la estancia.

Me gusta vivir como un forastero.

Me gusta escuchar música como un intruso en silencio. Empiezo a pensar que necesito solo ganas para comunicarme. Desenredo en la intimidad un espacio para oír mi palpitar.

En complot con mis colores favoritos me llamo para los grandes momentos.

Empiezo a pensar, desde la tranquilidad que disfruto llamando a las cosas por su nombre.

Empiezo a pensar que no tengo, ninguna, necesidad de jurar o prometer para cumplir.

CONTINUAR EL PASO

Cuando al cuerpo le cuesta abrir los brazos para agradecer debo ser paciente y fiel a mi sentir.

Las grandes obras tienen sus plazos.

Una orquesta de excentricidades se alimenta de ideas prestadas que no tienen precios ni lazos.

No, siempre, hay que dar por bueno lo que se nos ronda por la cabeza.

No puedo demonizarar de cualquier manera y menos anidar con algodón recuerdos idealizados que no fueron así.

Un sabor dulce recuerda la obligación de seguir haciendo el camino. La precaución es una buena consejera para captar la realidad del entorno.

Acepto los cambios de buen grado continuando el paso. Estoy dispuesto a soportar cualquier revisión si ésta me ayuda hacer mejor el continuar el paso.

Cuando al cuerpo le cuesta abrir los brazos para agradecer debo ser paciente y fiel a mi sentir.

No, siempre, hay que dar bueno lo que nos ronda por la cabeza.

SIGO TUS PISADAS

Yo apuesto por el encuentro, quisiera saber, a ciencia cierta, ¿si tú estás dispuesta a jugar?

Permanezco en la línea de espera levantando la vista para divisar tu bandera.

La paz se instala en mi boca para dejar rodar la palabra.

Me cubro en la espera con formas vestidos de sueños para estar a tu altura. Pongo ojo avizor a mis instintos para salir en tu búsqueda, estoy, totalmente, poseído

a tu merced.

Busco vientos de atención para poder acampar contigo en nuestra soñada tierra prometida.

Mi voluntad de mármol sigue tus pisadas valiéndose por sí misma. Tus respuestas son el cielo en la tierra, no lo pongas en duda.

Con las manos libres yo sigo tus pisadas esperando tu decisión.

Una llamada se llena de esperanza alejando la incertidumbre y apostando por el encuentro.

Sigo tus pisadas permaneciendo en línea de espera, levantando la vista para divisar tu bandera.

UN VOTO DE AMEN

Mis, inspiradas, ganas de sentirse vivo pasan por su mejor momento. Mi actitud, abierta a descubrir nuevos paradigmas se abre lanzándose a las posibilidades.

La fuerza de mis ganas da su voto de amen mirando abiertamente el alto de la colina.

Las decisiones automáticas no tienen plazos y deciden las condiciones sobre la marcha.

Estamos juntos.

Estamos vivos plagados de sentimientos nobles en excelente forma. Te quiero, ¡solo sé que te quiero!

Me tienes atrapado en un voto de amen.

Mi tiempo está a tu servicio con sabor dulce.

Mis, inspiradas, ganas de vivir pasan por su mejor momento.

Mi actitud abierta a descubrir nuevos paradigmas se abre lanzándose a las posibilidades.

La fuerza de mis ganas da su voto de amen mirando, abiertamente, el alto de la colina.

MENSAJES POSITIVOS

Me alimento de mensajes positivos para mostrarme a los demás como un personaje distinto con elaborada imagen.

Busco sin adornos un lugar en el mundo dentro de su propio y peculiar entorno donde la diversidad conviva en paz y buenas formas con sus hábitos diarios.

Me entiendo con lo diferente igual de bien que con lo cotidianamente me rodea.

Sentando sobre un viejo taburete pido el favor de los Dioses para dar carta de naturaleza a los mensajes positivos.

Me acojo a los valores justos que protegen al débil habilitándole de buenos presentes y alivios a sus vicisitudes.

Invoco un halo de cordura para conseguir que lo importante no sea lo contrario de lo que debiera ser.

Espero que las correas no desvirtúen el sentido natural de los buenos propósitos.

Me alimento de mensajes positivos para mostrarme a los demás como un personaje distinto con elaborada imagen.

Espero que nada cambie cuando aprietan demasiado las correas y pueda desvirtuarse el sentido natural de los buenos propósitos.

ACEPTANDO EL ERROR

Hogareño, pido el pan y la sal para seguir viviendo sin escapatoria. Observo, con atención, la custodia guardada en una repisa.

Con atención delicada espero la sorpresa del nuevo día.

Persigo la paz, incesablemente, en todos sus procesos naturales llenos de justicia.

Acepto el error anotando las citas, cambiando los libros de lugar para fijarme en sus firmas trascedentes.

A veces, me pregunto: Qué demonios está pasando?

Debería sentarme y hacer una revisión de acontecimientos... Confiero con propiedad haber tenido una pelea.

Seguro pago yo la discusión aceptando el error.

Me doy una vuelta en el coche para despejarme y luego volver a reencontrarme d diferente forma con el momento presente.

Podría recrearme con visiones positivas de planes realizados, pero no lo hago.

Prefiero seguir abundando en experiencias nuevas sin expedientes.

No necesito pruebas para entender al sabio, tan solo un poco de reconocimiento y humildad para heredar su mensaje.

Sé lo justo y sigo a prendiendo hogareño pidiendo el pan y la sal para seguir viviendo sin escapatoria.

CORREGIR EL ERROR

Como un zíngaro sin tribu, como abeja reina sin colmena, soy como un ladrillo que bien colocado consigue hacer crecer el muro. No conozco avería que se arregle sin hacer bien lo necesario para corregir el error.

Hago pactos con quien haga falta para ponerme en orden y hacer lo que me está tocando hacer, aunque no me guste la tarea.

Gasto la energía que se necesite para realizar el proceso de maduración que tiene en cuenta todo lo bueno realizado anteriormente.

Si hace falta monto un guirigay guionizado en tiempo real sin temor a fatales consecuencias.

No tengo ningún temor a la pereza para sembrar en buena tierra, aunque piensen que sé lo que hago.

Como un zíngaro sin tribu, como abeja sin colmena, soy como un ladrillo que bien colocado consigue hacer crecer el muro.

No conozco avería que se arregle sin hacer bien lo necesario para corregir el error.

CUENTA ATRAS

El humano no es infinito por mucho que se adelante a los acontecimientos cubriéndose de religiosidad artificiosa.

Es más que necesario enrutar las acciones desde diferentes ámbitos para no henchirse de rancias ventajas sin honor.

Los pensamientos se hacen de conceptos que nos acompañan en una brújula que, a veces, quebranta nuestra paz pedaleando con ciertas dosis de culpa malentendida.

Hay que saber bajarse del pedestal en una cuenta atrás sin esperar a que las incidencias empeoren.

Los días, también, tienen su cuenta atrás para taponar las grietas del infortunio con razón o sin razón.

Con abertura de miras, no me gustaría tener un cargo para compartir mandatos con compañeros irresponsables que no se creen de ninguna forma lo que toca hacer en favor de los demás.

Con magnánima colocación te regalo una diadema de gratitud antes de ser quemado en la hoguera como una más que molesta.

Tomo magnesio para no quedar atrapado en un lance magistral de confusión.

DEBAJO DE LAS SÁBANAS

En un día desvitalizado guardo los ejemplos para transformarlos en labores urgentes a realizar cuanto antes.

Dueño de mis sueños y certezas me siento afortunado oliendo a perfume en un parque rodeado de colores.

Paso a mayores para rehabilitar propuestas que me hagan sentir bien cuando miro a las estrellas.

A veces, me siento avergonzado y con indulgente pudor escondo la cabeza debajo de las sábanas.

Tengo esperanzas confesas por vivir las experiencias que se multiplican en mi cabeza en estado grande con infinitas ganas por cumplirse.

Realizo lo justo y necesario y tomo buena nota para no perderme en una lujuria de pérdidas de tiempo.

En un día desvitalizado guardo los ejemplos para transformarlos en labores urgentes a realizar cuanto antes.

Dueño de mis sueños y certezas, me siento afortunado oliendo a perfume en un parque rodeado de colores.

Tengo esperanzas confesas por vivir las experiencias que se multiplican en mi cabeza en estado grande con infinitas ganas por cumplirse.

ASUNTOS PENDIENTES

Antes había lucido como un viento secundario rodeado de imposibilidad. Ahora luzco como nunca lo había hecho.

Me desayuno, rápidamente, con lujosas propuestas de ir haciéndome grande haciendo caso omiso a las recomendaciones que no se las cree ni tan siquiera quien las pronuncia.

Sin actitudes febriles de orgullo me autorizo a convertirme a sabiendas en un gran motivo de cambio.

Dejo sin reflejos un mal día que nadie quiere recordar.

Me dispongo a escuchar con el cuerpo ávido de curiosidad la música suave de una orquestilla de barrio.

Me hago cargo de excéntricos deseos con ideas crestadas por un tiempo que, ahora, prefiero mantener al margen.

Tampoco puedo dejar de prestar atención a preguntas sin respuesta que me dieron muchos dolores de cabeza.

Asuntos pendientes que tienen su naturaleza y tiempo de resolución contando con mis fuerzas y suerte por hacerlo.

Antes había lucido como un viento secundario rodeado de imposibilidad. Ahora luzco como nunca lo había hecho.

NO PEDIR MUCHO

Seguiría tus pasos hasta los últimos confines para regalarme fu compañía.

Te traería hasta la casa ofreciéndote lo mejor de lo mejor con el compromiso de no decaer en seguir ofreciendo todo de lo que dispongo.

Me implicaría en tus causas de la misma forma que lo haces tù hasta la extenuación.

Mis llamadas incansables están plagadas de sinceridad y convencimiento por mi sentimiento.

Pago lo que haga falta y no me importa cuanto, mientras el gasto me permita acercarme a ti.

Alquilo la mañana en ese día en el yo tenga plaza libre junto a ti.

Sin recomendaciones sigo apostando por nuestro encuentro, aunque tu no pongas nada más que excusas insalvables para no reunirte conmigo. No pido mucho, sólo quiero otra oportunidad.

Te cedo todo el protagonismo.

Seguiría tus pasos hasta los últimos confines para regalarme tu compañía.

Pago lo que haga falta y no me importa cuánto, mientras el gasto me permita acercarme a ti.

No pido mucho, solo quiero otra oportunidad.

VIENTOS DE PAZ

Con pureza gótica como las mejores fachadas de distinguidas catedrales, me mantengo firme en mis convicciones.

Me golpeo con cincel y maza de cantero para hacer palidecer de flaqueza a mis conflictos.

Aunque muera de vergüenza, soy consciente de los caprichos que ni debo y menos pagar.

Vivo a golpes de canciones, himnos a la resistencia y al seguir adelante, cueste lo que cueste.

Sin recato, soy consciente de mi atribulada existencia. Sigo en la pelea, sigo avanzando, sigo cantando canciones guerreras que enardecen mis principios de justicia.

En armas busco vientos de paz.

Sé que es muy difícil cambiar lo establecido, pero quiero molestar el sueño de los insensibles poderosos.

Oigo los sollozos de los vencidos, oigo la respiración afectada del débil, esa la oigo bien cerca y mejor que otras.

Renazco con terca obstinación, cuando me comparo a las mejores fachadas hechas de pureza gótica y me mantengo firme en mis convicciones.

Me afortuno con la consciente fuerza de mi lograda realidad.

AROMA DE RECUERDOS

Con actitud y solo en mi nombre me declaro purgante de mensajes recibidos.

Hago la ronda sin alterar la cabeza.

No altero mis posiciones ni abandono el baile cuando el cuerpo responde.

Un pretérito de nostalgia marca el momento sin arengas de padre enfadado.

Sonidos envolventes me ofertan una limonada confabulándose conmigo, esperando una eclosión de respuestas armónicas.

Sin permiso despido días de cartas que hacen llorar la hacienda cubierta con aroma de recuerdos.

No te puedes imaginar lo mucho que añoro tu presencia cubierta con túnica de vistosos colores que muestra más bello tu cuerpo y alimenta mi alma llenándola de deseo.

Busco la paz en mi nombre, no abandono el baile esperando tu encuentro.

Con actitud y solo en mi nombre hago la ronda sin alterar la cabeza y me declaro purgante de mensajes recibidos.

CORRER LOS RIESGOS

Cumplo mis deseos en nuevas horas esperadas de embrujo y soberanía.

Vuelvo a reaprender desde lo más pequeño con uniformidad y lleno de lazos sublimes que me brinda la majestuosidad del juego. Paso de puntillas, sin arrogancia valorando el éxito de los demás. Mis días no tienen que pagar ningún peaje.

Adoro los cuentos de hadas, los castillos y las historias que se hacen desde el corazón para no dejar morir los paraísos de la mejor niñez.

No necesito sufrir el pesar rodeado de banqueros que prefieren morir antes que fracasar.

Prefiero correr los riesgos y afrontar las desilusiones como parte del juego.

Vivo el aquí y ahora encantando y tengo lo que me tocaba tener sin deber nada a nadie alimentando mis miradas con ojos de agradecimiento por cumplir mis deseos en nuevas horas esperadas de embrujo y soberanía.

AMORTIGUAR LA MARCHA

No quiero nada que ver con el turbulento pasado, que me ha retenido hasta ahora. No quiero nada que ser con lo que era antes.

Tranquilo, converso conmigo centrado en las obras que se suceden a través de mis adecuadas acciones.

Sobrado de ganas inicio un experimento basado en el arte de vivir el presente.

Quiero que se prenda la posibilidad de ganarme poco a poco para sacar lo mejor de mí.

Necesito aprovechar la oportunidad para conseguir inventar el camino con lo que soy y dispongo.

Los restos se ganan para amortiguar la marcha. Diferentes horizontes se acercan a mi visión.

Mi apuesta es real y quiero acertar cayendo en lo obvio pues me queda, todavía, mucho por realizar.

Gestionando los cambios me pronuncio a favor del compromiso. Cuando el sol se pone llega el gran descanso cargado de encuentros. Parece que se va prendiendo la posibilidad de ganarme poco para sacar lo mejor de mi instalado en la obviedad de un presente que se gana de encuentros y aciertos gestionados por una humilde voluntad que amortigua la marcha.

TELA DE ARAÑA

Las obras bien realizadas con sentimientos nobles permanecen con su calor hasta el final.

La nostalgia llena, fogosamente, un rosario de dulce pasado.

Me situé en situación de volver a empezar apoyado en una pirámide de cristal que me aporta energía para reiniciar el camino.

No se que represento ni tan siquiera si cumplo con lo que de mí se espera. Las obras orientan el cuerpo hacia posiciones diferentes para no confundir lo real de los paraísos artificiales.

No me acostumbro a meterme en los charcos.

Vulnerable por lo que soy y nervioso por lo que me gustaría ser me muevo en una subasta de dudas.

Busco, siempre, respuestas que me acerquen a lo real para vivir certezas que no me confundan.

Persigo con furia a los dioses falsos aprisionado en una tela de araña que parece no tener fin.

Pongo todo el interés en proteger a las ovejas del lobo.

Las obras bien realizadas con sentimientos nobles permanecen con su calor hasta el final.

La nostalgia llena, fogosamente, un rosario de dulce pasado que hace grande el momento del presente.

INTENTOS DE CAMBIO

Ante el cambiante pasar de los acontecimientos del hoy subo los pesares con poleas bien ajustadas para conseguir los objetivos. Aclaro toda posible obscuridad curtiendo a mis necesidades de esperanza y fuerza.

Confiado en el futuro adorno el hostal con las mejores flores para llenarme con su fragancia de los mejores pensamientos que con mi intencionalidad pronto se convertirán en aciertos prometedores. Envuelvo mi espalda de fuerza y sin interpretar pongo manos a la obra para alejarme de suspendidas acciones que me conducen a un pasado de trampas que no apuesto por repetir.

Instintos primarios perseveran en los intentos de cambio sin necesitar ejercitar más los elementos.

Subo las cuestas lleno de cordura ajustándomelo a un plan modesto de intentos de cambio.

Aclaro toda posible obscuridad curtiendo a mis necesidades de esperanza y fuerza.

Confiado en el futuro adorno el hostal con las mejores flore para llenarme con su fragancia de los mejores pensamientos que con mi intencionalidad pronto se convertirán en aciertos prometedores.

ATRAVESAR LA PUERTA

Me apresto de significación para reconocer a mis progenitores y la herencia de valores y principios que nos legaron.

La venia final fue satisfactoria y llena de ternura y bondad sin cortes en la madera y quitando toda mal interpretación con matices nada claros.

Con el único fin que el agradecimiento por todo lo vivido con ellos. Me reconozco.

Nos dieron todo cuanto tenían con una cuidada construcción forjada se sudor y esfuerzo.

Ahora las estancias se visten de lujo añorando sus recuerdos. Sentando, plácidamente, satisfago mis necesidades en una banda de algodón que ha dejado de ser rebelde para obedecer y reconocer lo legado.

Caigo en la cuenta de lo afortunado que puedo sentirme, pero ahora tengo que atravesar la puerta del pasado y sin tirar las llaves al mar, seguir el camino sin caer enfermo por no saber decir adiós.

Me apresto de significación para reconocer a mis progenitores y la herencia e valores y principios que nos legaron.

Ahora las estancias se visten de lujo añorando sus recuerdos.

REPONIENDO
LOS DESENCUENTROS

Cuando finalizas con el personaje de mujer sensible, que tanto te gusta interpretar, aparece en escena tu realidad, tu propio yo al que conozco perfectamente.

En el fondo estas atrapada bajo el corset de las apariencias.

Eres una mujer mas débil de lo queque crees.

Tu inocencia necesitada de cariño y que, todavía, no sabe bien lo que quiere o lo que, realmente, necesita. ¡Tienes que parar!

La interpretación no está hecha para ti.

Toma un vaso de agua y respira hondo y respeta os silencios que necesitas para decir adiós a la farsa.

Tu verdadera yo llegara después de un sinfín de ajustes que renueve conceptos viejos y reponga los desencuentros provocados.

La limpieza conformara una imagen real, estampa del cambio que necesitas.

Cuando finalizas con el personaje de mujer sensible que tanto te gusta interpretar, aparece en escena tu realidad, tu propio yo al que conozco perfectamente.

Para ya, ¡tienes que parar! La interpretación no está hecha para ti.

LOS PUNTOS FUERTES

La vida muestra el cuerpo con su realidad, intentar engañar el paso el tiempo, nos conduce directamente a una mala interpretación de los hechos.

La madurez nos invita a vivir con los pies en la tierra.

¡Qué rápido ha pasado el tiempo!

Cuantos anillos, cuanto corazón y cuanta energía consumida a favor de la experiencia.

La madurez nos ayuda a reconocer los puntos fuertes y las zonas débiles. La madurez física nos adorna con sus, peculiares, arrugas.

La madurez anímica permite entrever nuestras virtudes y mas vergonzosos defectos.

La madurez nos deja perdernos con nuestros vicios y dudas importándonos menos que ayer las consecuencias.

A veces, la madurez nos premia con alguien a tu lado y de tu parte. Con sus luces y sombras llegar a la madurez es un grado, sentirnos orgullosos por ello es una forma de aceptar las reglas de oro de la vida. Los hechos y sus experiencias nos hacen maduros otorgándonos un glorioso mensaje de realidad de ella que no podemos escapar.

ALARGAR LOS SUEÑOS

Con mis manos impregnadas de magia intento seducir afectado de ganas.

Manejo con la vista asuntos cumplidos con lenguaje de taberna. Fascinado paso por el tamiz de mi cabeza la suerte del embrujo. Con sensitivo gozo me muevo con amabilidad cumpliéndote con valores seguros.

Parezco sembrado en un libro de hechos significativos.

Creo en los hechizos como elementos imperantes en un contorno de ficción.

En tierra baldía, risueño, vitalizo los elementos en una fantasiosa aventura. Revelado por los deseos, intento entenderme con las causas.

Alargo los sueños con color rosa.

Con mis manos impregnadas de magia intento seducir afectado de ganas.

Revelado por los deseos, intento entenderme con las causas alargando los sueños con color rosa.

CUBRIRSE DE NORMALIDAD

Las falsas verdades se disfrazan de excusas vaciando con monosílabos sus embustes no creíbles para no afrontar su farsa.

Las falsas verdades tienen la capacidad de imantar a otros.

Las falsas verdades, generalmente, están señaladas en el calendario de la cocina.

¿Se terminan pagando las infamias?

Qué bueno sería poder desintegrar la farsa cubriéndosela de normalidad. Cuando no tienen límites suelen estar aguardadas de miseria.

Siempre hay que estar prevenido por si aparecen para seguir reinando.

El daño que hacen cuando estas desprevenido es cuantioso por su libertinaje y capacidad para desordenar tu existencia.

¿Como se llega a la vejez con falsas verdades?

Me cubro de normalidad con costumbres morales rodeado de duendes para amedrentar ya hacer vacío a su origen y destino.

Resisto con mi verdad mientras las falsas verdades se disfrazan de excusa vaciando con monosílabos sus embustes no creíbles para no afrontar su farsa.

¿Se terminan pagando las mentiras?

EL TIEMPO REINANTE

El tiempo reinante se coloca como amigo en un pasar temprano de miradas y paisajes que acondicionan mi revolución personal. El tiempo reinante me permite elegir la dirección, limpiamente, para ayudarme a llegar a las mejores respuestas.

El tiempo reinante me eleva para divisar el rumbo de las dimensiones que se acercan a la consistencia de los momentos vividos apostando por la realidad.

No hay vuelta atrás el tiempo reinante se gana de aciertos para hacerme ver que este es y no otro el camino para llegar.

El tiempo reinante me da consistencia cuando me brinda su amistad y regulariza como nadie mis ajustes.

No necesita entrar por el ojo de una aguja para demostrarme su fortaleza.

El tiempo reinante no necesita demostrar, absolutamente, nada para hacer grande y consistente mí, empeñada, revolución personal que esta blindada de dirección para llevarme, limpiamente, a las mejores respuestas.

LA LÓGICA DE LOS ACONTECIMIENTOS

Con armonía subrayada buceo en el conocimiento de las personas. Mi índole personal este estrechamente vinculada a la naturaleza de tus actos.

Allano obstáculos para estar cerca de los seres queridos aplanando voluntades de momentos, altamente, delicados.

Con mucha voluntad me hago con una cura de entendimiento en aras de evitar resquemores de aguas distintas.

Siento los elementos para realizar una oración de disfrute y empatía para que se comprenda la lógica de los acontecimientos.

Me pliego con las causas cuando se dañan sin querer, aunque estén llenas de razón.

Llevo la mañana, amablemente, vestido de armonía subrayada para abundar en la lógica de los acontecimientos que bucea en el conocimiento de las personas.

Me pliego, sin condiciones, por las causas cuando se dañan sin querer, aunque este llenas de razón.